AFFAIRE DE LA MÉLINITE

CONSULTATION

POUR

M. EUGÈNE TURPIN

CHIMISTE

CHEVALIER DE LA LÉGION D'HONNEUR

29 Juin 1891

PARIS

IMPRIMERIE ET LIBRAIRIE CENTRALES DES CHEMINS DE FER

IMPRIMERIE CHAIX

SOCIÉTÉ ANONYME AU CAPITAL DE CINQ MILLIONS

Rue Bergère, 20

1891

AFFAIRE DE LA MÉLINITE

CONSULTATION

POUR

M. Eugène TURPIN

CHIMISTE

CHEVALIER DE LA LÉGION D'HONNEUR

29 Juin 1891

PARIS

IMPRIMERIE ET LIBRAIRIE CENTRALES DES CHEMINS DE FER

IMPRIMERIE CHAIX

SOCIÉTÉ ANONYME AU CAPITAL DE CINQ MILLIONS

Rue Bergère, 20

1891

CONSULTATION

Le Conseil soussigné, consulté par M. Eugène Turpin, chimiste, chevalier de la Légion d'honneur, en ce moment détenu à la Conciergerie, sur la question ainsi conçue :

« Le jugement prononcé secrètement toutes portes fermées le 13 juin
» 1891 par la 10ᵉ Chambre du Tribunal de la Seine ainsi que toute la
» procédure qui l'a suivi, ensemble le jugement du 17 juin 1891 condam-
» nant M. Turpin en cinq années de prison, 2,000 francs d'amende,
» cinq ans d'interdiction de séjour et de droits civiques pour infraction à
» la loi du 18 avril 1886 sur l'espionnage ne sont-ils pas frappés d'une
» nullité radicale et absolue pour violation de la loi sur la publicité des
» jugements et la liberté de la défense? »

Émet l'avis suivant :

§ Iᵉʳ

EN FAIT :

M. Turpin, inventeur de la mélinite, prenait à partir du 7 février 1885 en France, en Angleterre, en Belgique, en Russie, en Allemagne, en Autriche, en Espagne et en Italie, **des brevets** réguliers pour *sa méthode et ses procédés d'application à tous usages industriels, militaires et autres, des propriétés explosives et détonantes du trinitrophénol du commerce, l'acide picrique (mélinite),* — *acide picrique fondu.*

Le 29 décembre 1885 il passait avec le général Campenon, alors ministre de la Guerre de la République française, un **traité** aux termes duquel, moyennant une somme de 251,000 francs, M. Turpin *renonçait en tant que de besoin à toute réclamation au sujet de* **l'emploi** *par l'Administration de la Guerre et de la Marine de son invention.*

M. Turpin restait donc absolument *maître* de sa découverte, n'accordant qu'une licence restreinte d'exploitation au Gouvernement français ; et *propriétaire* de la « mélinite » dont il conservait la pleine et entière jouissance.

Il était toutefois stipulé dans ce **traité** que M. Turpin pendant un délai de *dix mois* s'interdisait de révéler son existence, son contenu, non plus que le montant de l'allocation.

Au cours de l'année 1887 M. Triponé, capitaine d'artillerie de l'armée française, agent de la Société anglaise Armstrong et Cie, lui proposa d'accorder à ladite Société une licence pour l'emploi de sa « mélinite ».

M. Turpin ne put s'entendre avec la maison Armstrong, rompit avec elle et revint en France, *rapportant la copie de documents ayant trait aux procédés employés pour l'explosion de la mélinite qu'il avait trouvés chez Armstrong.* Persuadé que ces documents provenaient des arsenaux français et avaient été livrés par le capitaine Triponé, M. Eugène Turpin porta successivement une série de **plaintes** à ce sujet, et, dès le 24 janvier 1889, il remettait au général Ladvocat commandant l'artillerie et la place de Paris un dossier relatif à cette étrange affaire — qui d'après lui devait faire tomber le capitaine Triponé sous le coup des articles 2 et 3 de la loi du 18 avril 1886 sur l'espionnage. *(Pièce annexe A.)*

M. Turpin ajoutait qu'en commettant ce délit et en divulguant son invention, M. Triponé lui avait causé un préjudice et que la responsabilité civile du Ministre de la Guerre était indiscutable.

Le 28 septembre 1889, M. Turpin porte plainte entre les mains de M. le procureur de la République de la Seine. *(Pièce annexe B.)*

Le 4 octobre, procès-verbal est dressé par M. le Commissaire de police au sujet de ladite plainte. *(Pièce annexe C.)*

Le 11 juillet 1890, M. Turpin porte une nouvelle plainte à M. le Président du Conseil, Ministre de la Guerre, qui nomme aussitôt une Commission composée de MM. les généraux Ladvocat, Nismes, et de Boisbrunet.

Le 30 juillet 1890, M. Turpin remet à cette Commission un mémoire confidentiel. *(Pièce annexe D.)*

Le 29 septembre 1890, au nom de la Commission, M. le général Ladvocat écrit à M. Turpin pour lui demander *« s'il désire à nouveau* être entendu et s'il veut bien indiquer le MONTANT DE LA SOMME qu'il réclame »*. (Pièce annexe E.)*

Le 20 novembre 1890, une *note à consulter* est remise dans l'intérêt de M. Turpin au Ministre de la Guerre. *(Pièce annexe F.)*

Le 25 décembre 1890, un *Mémoire* (avec les planches et dessins des appareils français livrés par Triponé à la maison Armstrong) est produit dans l'intérêt de M. Turpin au Ministère de la Guerre, et remise est également faite d'une *photographie* grandeur naturelle de l'engin construit dans les ateliers Armstrong, sur les plans livrés par Triponé *(Pièce annexe G.)*

La solution recherchée par M. Turpin n'étant pas intervenue il adressa le 21 mai aux ministres, aux sénateurs et aux députés une dernière

Dénonciation (Pièce annexe H), avec un exemplaire d'un livre intitulé «Comment on a vendu la Mélinite», lequel contenait la liste des engins et appareils livrés par Triponé à la Société Armstrong, ainsi que leurs plans tels qu'ils avaient été déjà remis :

Le 24 janvier 1889, au général Ladvocat ;

Le 25 décembre 1890, au Ministre de la Guerre et le 13 janvier 1891 à MM. les généraux Ladvocat, Nismes et de Boisbrunet.

Le 23 mai 1891, le Ministre de la Guerre porte *plainte* entre les mains du procureur de la République contre MM. Turpin et Triponé, et prend à la date du 23 mai un *arrêté* déléguant ledit général Nismes pour assister le juge d'instruction dans le dépouillement des pièces saisies au domicile du sieur Triponé.

Ce même jour, 23 mai, M. Turpin est arrêté en même temps que le sieur Triponé dont la femme télégraphie aussitôt audit général Ladvocat, qui lui répond le 24 mai :

« Reçois·votre télégramme à Cette où je suis pour quelques jours. Allez » immédiatement consulter Mutel, avoué. — *Signé :* LADVOCAT. »

Le 6 juin 1891, l'instruction était close et le dossier communiqué à M. le procureur de la République. Le 8 juin, à la suite d'un réquisitoire définitif contenant plus de quinze pages, M. le juge d'instruction rendait une ordonnance de renvoi en police correctionnelle.

Le *9 juin 1891* à huit heures du soir, M. Turpin recevait à la Conciergerie citation à comparaître le samedi *13 juin* devant la dixième chambre, ainsi que les sieurs Triponé, Feuvrier, et Fassler sous l'inculpation :

« 1° Fassler, d'avoir depuis moins de trois ans étant agent ou préposé » du Gouvernement livré ou communiqué à une personne (Triponé) non » qualifiée pour en prendre connaissance des plans écrits ou documents » secrets intéressant la défense du territoire ou la sûreté extérieure de » l'État, qui lui étaient confiés ou dont il avait connaissance à raison de » ses fonctions ;

» 2° Triponé et Turpin d'avoir depuis moins de trois ans avant le » réquisitoire introductif, conjointement s'étant procuré des plans écrits ou » documents secrets intéressant la défense du territoire ou la sûreté exté- » rieure de l'État, livré ou communiqué en totalité ou en partie à d'autres » personnes lesdits plans écrits ou documents, communiqué ou divulgué » des renseignements qui y étaient contenus ;

» 3° Feuvrier de s'être, à la même époque, rendu le complice des » délits ci-dessus spécifiés à la charge de Fassler, Triponé (son neveu) et » Turpin en recelant sciemment les plans écrits ou documents obtenus à » l'aide desdits délits ;

» 4° Turpin d'avoir, en mai 1891, publié ou reproduit (dans son livre)

» des plans écrits ou documents intéressant la défense du territoire ou la
» sûreté extérieure de l'Etat. »

Délits prévus et punis par les articles 1, 2 et 9 de la loi du 18 avril
1886.

Par exploit de Mᵉ Sterkemann, huissier près le Tribunal de la Seine,
en date du 12 juin 1891, et à la requête de M. Eugène Turpin, ont été
assignés comme témoins :

1° M. Laurent, rédacteur en chef du journal *le Jour* ;

2° M. Mercadier, rédacteur de l'*Agence Havas* ;

3° M. Canet, directeur de l'artillerie de la Société des Forges et Chantiers, fournisseur du Ministère de la Guerre ;

4° M. Saissy, rédacteur de l'*Écho de Paris* ;

5° Le général Ladvocat ;

6° Le général Nismes ;

7° Le contrôleur général de Boisbrunet.

Ces deux derniers témoins n'ont pas comparu.

Le 13 juin 1891, l'affaire a été appelée devant la dixième chambre du
Tribunal de la Seine et aussitôt, sur les réquisitions du ministère
public, le Tribunal, par un premier jugement rendu publiquement, a, en
vertu de l'article 81 de la loi du 4 novembre 1848, ordonné que les débats
auraient lieu à huis clos. *(Pièce annexe I.)*

Le Président fit évacuer la salle par toutes les personnes présentes,
même par les avocats en robe qui n'étaient pas dans la cause ; mais fit
laisser dans la salle quatre personnes à l'allure militaire, qui s'assirent, der-
rière les conseils de M. Turpin, sur l'un des bancs du barreau. Parmi elles
se trouvait notamment le capitaine Rivals, officier d'ordonnance du général
Ladvocat. *(Gil Blas du 23 juin 1891.)* — *(Pièce annexe K.)*

Au moment où M. le président allait commencer l'interrogatoire des
prévenus, M. Turpin fit lire et déposer les conclusions suivantes signées
par Mᵉ Thorel, son avoué :

CONCLUSIONS POUR M. TURPIN

(Mᵉ THOREL, avoué.)

Plaise au Tribunal,

Attendu qu'au début de la présente audience, le Tribunal, sur les réquisitions de M. le procureur de la République, a ordonné le huis clos
et qu'on a fait sortir de la salle toutes les personnes sauf les témoins et
quatre messieurs qui ne sont cités ni à la requête du ministère public, ni
à la requête des prévenus ;

Par ces motifs,

Donner acte au concluant de la présence, malgré le huis clos, des quatre personnes ci-dessus désignées au sujet de la présence desquelles et de l'absence du public, il fait toutes réserves sur le fait ci-dessus à raison de l'exercice de ses droits de défense.

Et ce sera justice.

Signé : Eug. TURPIN,

THOREL.

Sur ces conclusions, le Tribunal, toutes portes fermées à huis clos, a statué en ces termes :

AUDIENCE DU 13 JUIN 1891

JUGEMENT

Pour le PROCUREUR DE LA RÉPUBLIQUE

Contre TURPIN

(Représenté par des conclusions signées THOREL, avoué.)

INFRACTION A LA LOI SUR L'ESPIONNAGE

Le Tribunal,

Ouï le ministère public en ses conclusions se rapportant à justice;

Attendu que le huis clos est une mesure d'ordre qui dans l'espèce a été motivée par le souci de la défense nationale;

Qu'il appartient donc au Tribunal d'apprécier les limites dans lesquelles cette mesure doit être exercée;

Attendu en fait que les quatre exceptions faites au huis clos concernent les représentants de la Guerre et de la Marine.

Par ces motifs.

Dit n'y avoir lieu de donner acte.

Et ont signé : MM. Soleau. *président.* Liévin, *greffier.*

Le huis clos indiscutable de ce jugement résulte non seulement du procès-verbal de l'audience, de la feuille du registre du greffe, mais encore du texte même du jugement du 17 juin 1891, rendu sur les nouvelles conclusions posées à ladite audience.

§ IIe

EN DROIT

C'est à la Révolution de 1789 que nous devons le plus précieux de tous nos droits la « **liberté de la défense** » dont les deux sauvegardes sont la *publicité des débats* et la **publicité des jugements**.

Cette publicité garantit également la liberté de la justice — elle assure l'indépendance du magistrat qui dans un huis clos restreint pourrait être préoccupé du contrôle et de la surveillance exercés sur lui par des délégués du pouvoir assistant à des débats dont tout autre représentant de la conscience et de l'opinion publiques aurait été exclu.

Le 8 octobre 1789, **l'Assemblée nationale** « considérant qu'un des prin-
» cipaux droits de l'homme, qu'elle a reconnus, est celui de jouir lors-
» qu'il est soumis à l'épreuve d'une poursuite criminelle de toute l'étendue
» de **liberté** et **sûreté** *pour sa* **défense**............ a décrété la publicité
» des débats et du jugement; ordonnant notamment (sous l'article 21 du
» décret — Loi de 1789) que les *juges seraient tenus* de se retirer en
» chambre du conseil pour y délibérer et de reprendre incontinent leur
» **séance publique** pour la prononciation *des jugements*.

La loi du 16 avril 1790 a complété l'œuvre commencée en décidant
« qu'en toute matière civile ou criminelle les plaidoyers, rapports et
» **jugements seraient publics**, et que tout citoyen aurait le droit de
» défendre sa cause soit verbalement soit par écrit ».

La sanction de ces principes a été ensuite assurée par la loi du 20 avril 1810 dont l'article 7 est ainsi conçu :

« Les arrêts qui n'ont pas été rendus publiquement sont déclarés nuls. »

Enfin les articles 153, 190, 408 et 413 du Code d'instruction criminelle prescrivent *à peine de nullité* la **publicité des jugements** conférant expressément à tout condamné le droit, lorsqu'il y aura eu dans les débats ou dans un jugement une violation de la formalité de la publicité, de faire prononcer : « **l'annulation de l'arrêt de condamnation et de ce qui l'a** » **précédé à partir du plus ancien acte nul.** »

Une seule exception à la règle absolue de *la publicité* a été apportée d'abord par l'article 55 de la Charte et ensuite par l'article 81 de la loi du 4 novembre 1848; mais cette exception n'a trait qu'aux débats seulement : *les jugements devant toujours être rendus publiquement*.

Aux termes de cet article 81 de la loi de 1848 qui est encore en vigueur, « les *débats* sont publics à moins que la publicité ne soit dange-

» reuse pour l'ordre et les mœurs, et dans ce cas le tribunal le déclare
» par un jugement ».

Mais aucune exception à la règle absolue de la publicité n'est faite en
ce qui concerne les jugements qui *tous* doivent être rendus en audience
publique, même lorsqu'ils ne statuent que sur des incidents et au cours
des débats.

La Doctrine est unanime sur ce point; il suffit de rappeler à cet égard
ce que dit Dalloz (Rép. juris., vol. XXIX, liv. ccccxxxi, n° 817) :

« Les arrêts incidents rendus dans le cours des débats à huis clos
» doivent être prononcés publiquement à peine de nullité de-tout ce
» qui a suivi. »

Me Nouguier (cour d'assises, n° 3510) développe le principe absolu de
la publicité à peine de nullité de tous jugements même incidents, dans
les termes suivants :

« Les arrêts incidents doivent toujours être prononcés publiquement
» *alors même qu'ils interviendraient pendant les débats qui ont lieu à* **huis**
» **clos** en vertu d'une décision régulière de la cour.

» L'exception à la règle de la publicité autorisée pour les débats de
» nature à porter atteinte à l'ordre et aux mœurs ne peut être étendue à
» ces arrêts incidents qui, extrinsèques aux débats, n'en font point par-
» tie et qui dans aucun cas ne pourraient être considérés comme dangereux
» pour l'ordre et les mœurs. »

La jurisprudence confirme unanimement ces principes. La liste des
arrêts est longue; la Cour de cassation, à toute époque, a maintenu dans
leur intégrité les prescriptions impératives de la loi (18 octobre 1832,
28 janvier 1836, 1er avril 1837, 14 septembre 1837, 6 septembre 1838,
11 octobre 1838, 4 janvier 1839, 15 février 1839, 19 mars 1840, 24 décembre 1840, 21 décembre 1843, 22 juillet 1843, 19 janvier 1844, 8 juillet 1852, 22 juillet 1852, 31 juillet 1856, 3 juin 1859, 9 octobre 1879,
11 mai 1882).

L'arrêt de la Cour suprême du 11 octobre 1838 déclare textuelle-
ment « que les jugements qui statuent sur les conclusions de l'accusé
» ou de son défenseur sont nuls lorsqu'ils sont prononcés à huis clos ».

Nous croyons devoir reproduire *in extenso* les arrêts suivants :

28 janvier 1836

- La Cour,

Vu l'article 7 de la loi du 20 avril 1810, et l'article 55 de la Charte,

Attendu qu'aux termes de la première de ces dispositions, tous les
arrêts doivent être rendus publiquement;

Attendu que l'exception établie par l'article 55 de la Charte est restreinte aux débats seulement et qu'elle doit être renfermée dans ses limites;

Attendu que les arrêts incidents sont extrinsèques aux débats et ne sauraient être considérés comme en faisant partie; qu'ils rentrent dès lors dans la règle générale et doivent être prononcés publiquement;

Attendu en fait qu'il résulte du procès-verbal d'audience que le ministère public s'étant opposé à ce que la femme et la belle-fille de l'accusé fussent entendues, comme témoins, deux arrêts de la cour d'assises ont fait droit à ces réquisitions sans qu'il soit constaté que les portes qui avaient été fermées au public aient été rouvertes, en quoi a été violé l'article précité de la loi du 20 avril 1810 et faussement appliqué l'article 55 de la Charte;

Casse et annule l'arrêt de la cour d'assises de la Seine du 23 décembre 1835.

Cour de cassation.

15 février 1839.

La Cour,

Vu l'article 7 de la loi du 20 avril 1810 et l'article 55 de la Charte,

Attendu que par arrêt rendu publiquement à l'ouverture des débats la cour d'assises de l'Hérault a ordonné que les débats de l'affaire Izaru auraient lieu à huis clos et qu'en effet le procès-verbal constate que le public a évacué la salle d'audience et que les portes ont été fermées;

Attendu que postérieurement à la clôture des portes la même cour a rendu un arrêt qui, sur les conclusions du défenseur et les réquisitions du ministère public, a ordonné qu'un témoin assigné ne serait pas entendu, et qu'il résulte du procès-verbal que ledit arrêt n'a pas été rendu publiquement;

Attendu que le principe de la publicité des arrêts est général et absolu et fait partie du droit public du royaume dont la loi du 20 avril 1810 n'a fait à cet égard que rappeler les règles fondamentales;

Attendu que si l'article 55 de la Charte constitutionnelle permet de procéder à huis clos aux débats qui pourraient être dangereux pour l'ordre et les mœurs, cette exception ne peut être étendue au delà des termes rigoureux de la Charte;

Attendu que les arrêts qui décident qu'un témoin sera ou ne sera pas entendu sont incidents aux débats, mais ne font pas partie des débats et ne peuvent, par conséquent, être compris dans l'exception précitée;

Attendu que la teneur desdits arrêts ne peut en aucun cas présenter aucuns dangers pour l'ordre ou les mœurs et qu'ainsi aucune raison d'analogie ne saurait les faire comprendre dans les dispositions de l'article 55 de la Charte ;

Attendu que dès lors ledit arrêt de la cour d'assises de l'Hérault aurait dû être rendu publiquement et, ne l'ayant pas été, se trouve frappé de nullité par l'article 7 de la loi du 20 avril 1810, d'où il suit que d'après l'article 408 du Code d'instruction criminelle tout ce qui a eu lieu ultérieurieurement audit arrêt est atteint par la même nullité ;

Casse....

24 décembre 1840.

La Cour de cassation décide expressément que « sont nuls lorsqu'ils » sont prononcés à huis clos tous arrêts qui donnent acte à l'accusé d'une » réquisition sur laquelle il y a eu observation du ministère public ».

Cour de cassation.

21 décembre 1843.

Attendu qu'aux termes de l'article 7 de la loi du 20 avril 1810 les arrêts qui ne sont pas rendus publiquement sont déclarés nuls ;

Que l'article 55 de la Charte constitutionnelle n'autorise le huis clos que pour les débats seulement ; que cette exception au principe général de la publicité ne peut être étendue aux arrêts incidents qui ne font point partie des débats et dont la prononciation publique ne peut jamais avoir d'inconvénient pour l'ordre et les mœurs ;

Que cependant la cour d'assises de la Moselle a statué à huis clos par un arrêt incident sur l'opposition du demandeur à ce que sa femme et ses enfants fussent entendus comme témoins ;

Casse l'arrêt de la Cour d'assises de la Moselle du 29 novembre 1843.

19 janvier 1844.

La Cour,

Vu l'article 7 de la loi du 20 avril 1810 ;

Attendu que d'après cet article qui ne fait que rappeler les principes généraux du droit public du royaume tous les arrêts doivent être rendus publiquement à peine de nullité ;

Que cette disposition qui est générale et absolue s'applique aux arrêts incidents comme aux arrêts définitifs ;

Que si l'article 55 de la Charte constitutionnelle permet de suspendre la publicité pour les débats des matières criminelles lorsque les tribunaux pensent qu'elle serait dangereuse pour l'ordre et les mœurs, cette exception doit être renfermée dans ses termes et ne peut être étendue aux arrêts prononcés incidemment à ces débats ;

Attendu que dans l'espèce actuelle l'arrêt qui a statué sur l'admission de la partie civile est un arrêt incident aux débats et ne fait pas partie des débats ;

Qu'il devait être rendu publiquement et qu'en le rendant à huis clos la cour d'assises a violé l'article 7 de la loi du 20 avril 1810 ;

Casse et annule l'arrêt de la cour d'assises de l'Aveyron du 20 avril 1843.

Cour de cassation.

9 octobre 1879.

Attendu que *les jugements et arrêts doivent* à peine de nullité être rendus publiquement ; que l'exception établie pour les cas où la publicité serait dangereuse pour l'ordre et les mœurs ne peut être étendue aux arrêts qui statuent sur les incidents élevés dans le cours des débats et dont la publicité ne saurait dans aucun cas être considérée comme présentant un danger pour l'ordre et les bonnes mœurs ;

Attendu en fait qu'il est constaté par le procès-verbal de l'audience de la cour d'assises de la Loire-Inférieure du 11 septembre dernier que la cour avait ordonné que les débats de l'affaire auraient lieu à huis clos. — Que postérieurement à l'arrêt qui prescrivait cette mesure un témoin n'ayant pas répondu à l'appel de son nom, la cour, sur la réquisition du ministère public, les accusés et leurs défenseurs ayant déclaré qu'ils n'avaient aucune observation à faire, a rendu un arrêt portant qu'il y avait lieu malgré l'absence de la femme Letexier de passer outre aux débats ;

Attendu que l'incident sur lequel la cour a statué par cet arrêt avait un caractère contentieux ; qu'en effet il s'agissait de savoir si l'audition d'un témoin était ou non nécessaire à la manifestation de la vérité et que par suite les droits de la défense aussi bien que ceux de l'accusation se trouvaient mis en cause.

Attendu néanmoins que l'arrêt dont il s'agit n'a pas été prononcé publiquement, que ce fait est constaté non seulement par le procès-verbal de l'audience, mais encore par un arrêt de la cour d'assises donnant sur ce point acte des conclusions prises par le défenseur ; qu'il y a eu, dès lors, violation de l'article 7 de la loi du 20 avril 1810, et qu'aux termes de l'article 408 du Code d'instruction criminelle tous les actes qui ont eu lieu postérieurement audit arrêt sont atteints de la même nullité.

Casse.....

Cour de Cassation.

11 mai 1882.

Attendu que si le huis clos peut être ordonné lorsque la publicité des débats serait dangereuse pour l'ordre ou les mœurs, cette mesure ne s'applique pas aux arrêts à intervenir.

Qu'il est constaté par le procès-verbal que pendant la durée du huis clos la défense s'étant opposée à l'audition d'un témoin, la Cour a rendu, sans rétablir la publicité de l'audience, un arrêt ordonnant que ce témoin ne serait pas entendu.

Qu'il y a eu ainsi violation des articles 81 de la Constitution du 4 novembre 1848, 153, 190 du Code d'instruction criminelle et 7 de la loi du 20 avril 1810 :

Casse...

———

A l'audience publique du 17 juin M⁰ Thorel, avoué de M. Turpin, a déposé des conclusions tendant à ce qu'il plût au Tribunal :

« Donner acte à M. Turpin de ce qu'à l'audience du samedi 13 juin,
» après avoir rendu publiquement un premier jugement ordonnant le
» huis clos, le Tribunal avait rendu secrètement, toutes portes fermées,
» un second jugement sur les conclusions déposées par le concluant et
» signées de M⁰ Thorel, son avoué, lesdites conclusions relatives à la
» présence, malgré le huis clos absolu qui avait été prononcé, de quatre
» personnes restées inconnues, lesquelles ont assisté aux débats de toute
» l'affaire aux audiences des 13 et 15 juin 1891. »

Sur ces conclusions après en avoir délibéré en chambre du conseil, le Tribunal a rendu le jugement suivant :

Audience publique du 17 juin 1891.

Le Tribunal :

« Attendu que sur les conclusions du ministère public le jugement
» ordonnant le huis clos a été rendu publiquement ;

» Attendu que le huis clos étant effectué, M⁰ Thorel, avoué de
» M. Turpin, a demandé acte de ce que quatre personnes non citées
» comme témoins assistaient à l'audience ;

» Attendu que le Tribunal a **Déclaré** qu'il n'y avait pas lieu de
» donner acte, expliquant que le huis clos était une mesure de police
» dont l'exercice était laissé à l'appréciation du Tribunal ;

» Qu'il n'y a donc eu que la confirmation et l'application des me-
» sures déjà ordonnées et ne constituant pas un jugement, » ... . Dit
qu'il n'y a pas lieu de donner acte.

———

Pour tenter d'échapper à la nullité radicale édictée par la loi, le
Tribunal déclare qu'il n'a pas rendu de « jugement » et qu'il n'a fait
que confirmer et appliquer les mesures déjà ordonnées !

Cette déclaration est contraire à la réalité des faits et aux principes
du droit :

En effet, le dossier et le procès-verbal ou mieux le plumitif du greffier ainsi que les registres du greffe démontrent qu'il y a eu : 1° des
conclusions déposées par le prévenu ; 2° des *réquisitions* prises par le ministère public, et une *décision* (rendue à huis clos) par le Tribunal ; les
éléments constitutifs d'un **JUGEMENT** sont donc réunis dans l'espèce.

Les conclusions du prévenu ne visaient pas la confirmation ni l'application du huis clos prononcé ; elles protestaient contre la violation de ce
que le législateur de 1789 a appelé *la liberté et la sûreté de la défense.*

Le public exclu par un premier jugement, il restait dans la salle
quatre personnes que le Tribunal sans libeller aucun motif, viser aucune
pièce ni administrer aucune preuve, qualifie de *délégués de la Guerre.-*
Leur seule présence pouvait incontestablement avoir une influence sur les
délarations des *prévenus* dont l'un était capitaine d'artillerie, le second
archiviste d'un arsenal militaire, et des *témoins* dont l'un notamment était
lieutenant d'artillerie et l'autre fournisseur du Ministère de la Guerre.

Dans ces conditions il est permis de dire que la *liberté* et la *sécurité*
de la *défense* ainsi que la complète *manifestation* de la *vérité* n'étaient pas
garanties comme la loi l'exige, et que le Tribunal de la Seine a rendu
secrètement et à huis clos un jugement frappé d'une nullité absolue.

M. Turpin est incontestablement fondé à invoquer contre ce jugement et contre tous les actes, procédures et décisions qui en ont été
la suite, les dispositions impératives des articles 408 et 413 du Code
d'instruction criminelle.

Comme la loi l'y autorise, M. Turpin pourra faire recommencer tous
les débats, provoquer de ses co prévenus des déclarations exclusives cette
fois de toute crainte, ainsi que les dépositions complètes de tous les témoins qu'il croirait devoir citer dans le libre exercice de ses droits de
défense contre une accusation qui a provoqué à la tribune et dans la
presse de si imposantes manifestations.

En conséquence,

Nous estimons que le jugement secret prononcé à huis clos, le 13 juin 1891, par la 10ᵉ Chambre du Tribunal de la Seine sur les conclusions prises par Mᵉ Thorel, avoué de M. Turpin, est nul et de nul effet; que l'appel régulièrement interjeté par M. Turpin contre ledit jugement est recevable et fondé, et qu'il y a lieu pour la Cour d'annuler ledit jugement ainsi que tous les procès-verbaux, actes et jugements qui l'ont suivi.

Délibéré ce vingt-neuf juin mil huit cent quatre-vingt-onze.

A. DOUMERC,

Avocat à la Cour de Paris.

PIÈCES ANNEXES

A

Eugène TURPIN

Colombes, 14 janvier 1889.

*A Monsieur le Général Ladvocat. commandant l'artillerie des forts et
de la place de Paris,*

Monsieur le Général,

J'ai l'honneur de vous adresser ci-joint *deux dossiers* relatifs aux questions que nous avons traitées dans nos différentes entrevues.....

Vous trouverez dans ces dossiers, Monsieur le Général, toutes les pièces qui sont nécessaires et relatives à un historique complet et qui vous permettront sans doute de vous former une opinion exacte.

Quant aux **communications** faites par M. Triponé et dont j'ai eu l'honneur de vous entretenir, je laisse à votre haute appréciation la suite qu'il importe d'y donner....
(*Loi sur l'espionnage du 18 avril 1886*).

Signé : Eugène TURPIN.

B

Colombes, le 28 septembre 1889.

Monsieur le Procureur de la République, à Paris.

J'ai l'honneur de porter à votre connaissance les faits suivants :

Après le refus du Gouvernement français de traiter avec moi définitivement pour mes brevets d'acide picrique, dit « Mélinite », comme on me l'avait fait espérer, je me suis décidé à aller en Angleterre procéder à quelques petites expériences simplement, sur les propositions et instances d'un M. Émile Triponé, représentant de commerce, demeurant, 35, rue de Rome, à Paris.

Après les expériences, et au moment de passer un contrat avec la Société Armstrong, chez laquelle ce Triponé, capitaine d'artillerie de la territoriale, à Belfort, et Alsacien, m'avait introduit, j'ai acquis la certitude, et j'ai des preuves suffisantes que ce dernier avait livré à la Société Armstrong, soit pour de l'argent, soit pour devenir le représentant de la Société Armstrong en France, ce qu'il est aujourd'hui depuis cette époque, une foule de documents volés au Ministère de la Guerre, qui ont été copiés et calqués, partie par Triponé lui-même et dessinés par un de ses employés, M. Feuvrier père, parent de Triponé. Voici l'énumération des documents volés et dont copies ont été remises à la Société Armstrong, entre les mains des directeurs ·

Cap. Noble, colonel Dyer et M. Vavasseur :

1° Rapports de Bourges et de Calais sur toutes les expériences secrètes de mélinite.

2° Plans d'une nouvelle fusée dite fusée R. F. ;

3° Plans et tables de construction du détonateur de Bourges. dont ci-joint un croquis tout monté, relevé sur les dessins d'Armstrong, et qui m'a été donné par un de leurs ingénieurs. M. Marjoribanks. (Ces plans étaient encore pourvus de la signature du général Boulanger.)

4° Plans et table de construction, outillage, résistance et nature de l'acier, etc., pour les grands et nouveaux projectiles étudiés par l'artillerie. (Obus de grande capacité.)

5° Plans et table de chargement des obus de campagne de 90 millimètres en acier avec la Mélinite et la cartouche paraffinée.

6° Notice du Ministère de la Marine sur le chargement facultatif à bord des navires de guerre de la Mélinite.

7° Appareils de chargement et de fusion : Bassine, Pochette. Dégorgeoir, etc., etc.

8° Renseignements sur l'emploi de l'acide cresylique, etc., etc.

En conséquence de cette infamie, je me suis empressé, dès que j'en ai eu connaissance de rompre avec la Société Armstrong pour la vente légale de mes brevets, que j'ai pris, d'ailleurs, avec l'autorisation du Ministère de la Guerre, et j'ai *refusé* les 750,000 francs que devait me payer cette Société, préférant mon honneur à la fortune, parce que la Société Armstrong voulait se servir de moi et de mon nom pour couvrir cette infamie.

J'ai appris depuis que, malgré mes droits et mes refus de traiter, la Société Armstrong avait accepté pour l'Italie de fortes commandes, ainsi que pour l'Autriche, d'obus construits sur les plans français, et qu'elle en indique le chargement, sans fournir l'explosif, faisant ainsi une contrefaçon indirecte à mes brevets, en faisant usage des plans volés à la France et livrés par Triponé.

A la suite de ma rupture volontaire avec la Société Armstrong j'ai adressé à cette Société des lettres fort vives, je l'avoue, sur leur étrange manière de faire, et, en réponse, il m'a été donné avis que si j'allais en Angleterre, je serais poursuivi par eux pour lettres injurieuses.

Or, j'apprends aujourd'hui, par le *Matin*, que, parmi les ingénieurs anglais, reçus à Saint-Étienne hier par des officiers d'artillerie français qui montrent la fabrication de nos obus, il y a le colonel Dyer, l'un des principaux directeurs de la Société Armstrong et le fondateur de l'usine en Italie, à Pouzzoles, qui arme l'Italie contre nous. Or, c'est lui, avec le capitaine Noble, l'autre directeur principal, ainsi que M. Vavasseur, qui a vendu à la France des affûts hydrauliques fort longtemps; qui a été le plus cynique dans cette affaire en me déclarant qu'il savait très bien que les documents à lui livrés par Triponé étaient volés à Paris, mais que cela n'aurait que plus de valeur auprès des gouvernements étrangers. Triponé est devenu, maintenant, représentant d'Armstrong, ainsi que l'on peut le constater à la section anglaise au premier, galerie des machines, où Armstrong expose un navire de guerre en petit, construit pour l'Italie.

Le colonel Dyer ne peut être venu ici que comme espion, et je demande son arrestation en raison des faits énoncés ci-dessus.

J'ai fait mon devoir, et c'est à vous, Monsieur le Procureur, à voir et à décider ce que vous devez faire conformément à la loi sur l'espionnage.

Recevez, Monsieur le Procureur, l'expression de mes sentiments distingués.

Signé Eug. TURPIN.

C

4 Octobre 1889.

PROCÈS-VERBAL

DU

COMMISSAIRE DE POLICE DU CANTON DE COURBEVOIE

D

MÉMOIRE CONFIDENTIEL

PRÉSENTÉ A LA COMMISSION

NOMMÉE PAR

M. LE MINISTRE DE LA GUERRE

PAR

Eugène TURPIN

COLOMBES (Seine)

JUILLET 1890

AVANT-PROPOS

Ce mémoire, rédigé sur la demande de M. le Président de la Commission nommée par M. le Ministre de la Guerre, pour l'examen de mes revendications relatives à la mélinite, se divise en trois parties :

1° — Un exposé théorique et pratique faisant connaître d'une manière succincte, mais précise, quel était l'état de la question du chargement des obus par des explosifs brisants avant mes travaux ; la nature et l'étendue de mes recherches dans cette voie, ainsi que les résultats remarquables et exceptionnels auxquels je suis arrivé. (Les planches et dessins annexés à ce mémoire se rapportent à cette partie technique (page 1).

2° — Un aperçu de l'importance industrielle de mes inventions et des conséquences morales qu'elles ont eues (page 39).

3° — Un exposé rapide de mes négociations et revendications (page 45).

PREMIÈRE PARTIE

EXPOSÉ THÉORIQUE

Explosifs et Procédés.

Depuis vingt-cinq ans, on recherchait le moyen de charger les projectiles creux à l'aide d'une substance explosive plus puissante que la poudre noire.

Pendant la guerre franco-allemande de 1870, M. Berthelot, alors président du Comité de défense nationale pendant le siège de Paris, et aujourd'hui président de la Commission des substances explosives, avait fait des recherches pour arriver à charger les projectiles creux avec des substances explosives puissantes.

Il a essayé des mélanges composés d'un agent oxydant et d'un agent combustible, et, entre autres combustibles, il a essayé les éthers avec le protoxyde d'azote (Az^2O). On mettait le liquide combustible dans l'obus, puis, à l'aide d'une pompe, on comprimait dans cet obus, sous une pression de trente-cinq atmosphères environ, le protoxyde d'azote (Az^2O).

Le peu d'oxygène disponible que contient cet oxydant (36,4 0/0), les difficultés pratiques de maintenir un gaz sous forte pression, dans un obus, et l'impossibilité de faire le mélange dans de bonnes conditions ont fait échouer ces essais.

Toutes les autres tentatives ont échoué également et complètement.

Voici comment, d'autre part, s'exprimait sir Frédérick Abel, en août 1871, dans une conférence faite par lui à Édimbourg :

« La découverte d'un agent explosif plus violent que la poudre, que l'on pourrait
» employer à charger les bombes sans aucun risque d'explosion accidentelle résultant du
» choc auquel il est exposé dans la décharge du canon, est depuis bien des années
» considérée comme un desideratum. Quelques expériences ont été faites par la dernière
» Commission du coton-poudre sur l'emploi de cette substance dans les bombes, et des
» obus sphériques ont été lancés sans danger par des mortiers de treize pouces de
» calibre, mais on a obtenu des résultats désastreux en employant cette matière pour
» charger des projectiles allongés, recouverts de plomb et cloués, lancés avec des canons
» rayés.

» Un petit nombre furent tirés sans inconvénient ; mais, sans que rien fût changé
» en apparence, dans les conditions, d'autres éclatèrent dans le canon, et, au lieu de sim-
» plement denteler et entailler l'intérieur, comme cela aurait eu lieu si un obus chargé
» de poudre ordinaire eût prématurément éclaté, un canon fut mis entièrement hors de
» service par la violence de l'explosion ; un autre éclata, et les éclats volèrent à plusieurs
» centaines de mètres.

» D'autres expériences *systématiques* ont été continuées *par le gouvernement* de temps
» à autre, en vue de *découvrir pour les obus* un *sûr* et *puissant agent explosif.* etc.. etc. »

Jusqu'à mes travaux aucun résultat n'avait donc été atteint.

La roburite, la bellite, la hellofîte, les picrates, etc., n'ont jamais été propres au chargement des obus et n'ont jamais été adoptés par aucun gouvernement, contrairement à ce qui a été dit dans les journaux à titre de réclame pour former des sociétés financières.

Le coton-poudre, mouillé à 25 0/0 d'eau, paraissait seul pouvoir offrir quelque chance de succès, quoique cependant des éclatements prématurés se soient produits dans les canons à Portsmouth, dans les essais comparatifs faits en juillet 1888.

Pour amorcer le coton-poudre mouillé il faut, en effet, un détonateur en coton-poudre sec, ce qui présente le même danger que si tout l'obus était chargé de coton-poudre sec, ou à peu près. Or, on a vu plus haut ce qu'en a dit sir Frédérick Abel.

Jusqu'à ces derniers temps on n'avait donc pour charger les obus que la vieille poudre noire à peine perfectionnée depuis Louis XIV.

La cause des insuccès est due à ce que tous les chimistes et tous les techniciens et praticiens en explosifs avaient toujours recommandé qu'il fallait faire entrer l'agent oxydant dans un composé explosif quelconque, en quantité telle que l'oxydation fût complète avec production d'acide carbonique (CO_2), comme étant le moyen d'obtenir le plus de force, sans se préoccuper de la sensibilité au choc de l'explosif.

J'ai découvert, après de longues études, que c'était là la cause des insuccès et qu'en outre les proportions que l'on appelait théoriques étaient fausses, car le maximum de puissance est obtenu, avec grande insensibilité, lorsque le composé est formé dans de telles proportions qu'il ne se produise que de l'oxyde de carbone (CO).

Après plusieurs milliers d'expériences dans des canons, et sous le choc, j'ai pu tracer les graphiques ci-joints, qui s'appliquent à tous les explosifs, et formuler la loi générale qui les régit au point de vue de la puissance et de la sensibilité. (Cela était absolument inconnu avant mes travaux.)

L'oxygène n'entrant jamais seul dans un explosif, mais toujours combiné à un ou plusieurs autres corps. il s'ensuit, en réalité, qu'il faut en mettre le moins possible pour transformer toute la matière combustible en gaz.

Or, un volume d'oxygène et un volume de carbone donnent deux volumes d'oxyde de carbone, tandis que deux volumes d'oxygène et un volume de carbone ne donnent aussi que deux volumes d'acide carbonique. Par la réaction secondaire qui se produit, il se dégage bien une plus grande quantité de chaleur, mais la plus grande quantité de matière inerte combinée à l'oxygène, absorbe cette chaleur et. à poids égaux, donne moins de puissance *tout en étant beaucoup plus sensible au choc.* **ce que l'on ignorait absolument.** (Voyez les tableaux ci-joints.)

Ayant découvert cette loi, je n'avais plus qu'à rechercher l'explosif qui, naturellement et sans mélange, s'en rapprochait le plus, tout en offrant des garanties absolues de stabilité chimique et physique et une préparation facile.

Un explosif de guerre doit, en effet, réunir les qualités suivantes :

1° *Stabilité chimique absolue,* c'est-à-dire non susceptible de décomposition spontanée ou de modifications élémentaires ;

2° *Stabilité physique absolue,* c'est-à-dire non susceptible de congélation, d'exsudation ou d'évaporation ;

3° *Insensibilité absolue* aux variations de température atmosphérique les plus extrêmes ;

4° *Conservation indéfinie ;*

5° *Hygrométricité nulle,*

6° *Sécurité absolue* dans la fabrication, les manipulations et les transports,

7° *Être aussi inflammable que possible;*

8° *Propriétés de dispersion et de projection* très grande ;

9° *Puissance brisante* considérable ;

10° *Insensibilité absolue* au choc du départ dans les obus ;

11° *Densité très grande,* etc , etc.

La mélinite réunit toutes ces conditions au plus haut degré.

Le coton-poudre, qui est le seul explosif qui pourrait être approximativement comparé à la mélinite, laisse beaucoup à désirer à plus d'un point de vue, notamment ·

1° La sensibilité du coton-poudre est très grande lorsqu'il est sec ;

2° Mouillé, l'eau se déplace par le temps, même à vase clos ;

3° Par le froid, l'eau se congèle et le coton-poudre reprend toute sa sensibilité au choc, ainsi que sir Frédérick Abel l'a reconnu lui-même ;

4° Si on le mouille avec un liquide incongelable, éthers, alcools, hydrocarbures. etc., il y a danger d'inflammation et d'évaporation ;

5° Le coton-poudre est d'une faible densité. A l'état le plus comprimé, cette densité est de 1,4, tandis que la densité de la mélinite est de 1,7. Les 25 ou 30 0/0 d'eau que l'on ajoute au coton-poudre constituent aussi un poids mort inutile ;

6° A l'état sec comme dans le détonateur, le coton-poudre est sujet à se décomposer spontanément. On n'a pas oublié les catastrophes de Stowmarket, de France et d'Autriche.

En France, l'artillerie n'avait fait aucune expérience relativement au chargement des projectiles creux à l'aide du coton-poudre.

Personnellement et de ma propre initiative, j'avais, dès 1878, entrepris des recherches en vue d'arriver au résultat tant désiré et vainement cherché.

En 1881, j'avais déjà soumis au général Farre, alors ministre de la Guerre. mes projets de chargement des obus à l'aide de mes panclastites. Voici, d'ailleurs, la lettre que j'ai reçue à l'époque, après de longs pourparlers :

MINISTERE DE LA GUERRE

—

CABINET

du Ministre

PARIS, le 23 juillet 1881.

MONSIEUR,

M. le Ministre de la Guerre a reçu la lettre que vous lui avez adressée, le 19 de ce mois, pour préciser les conditions dans lesquelles vous désireriez voir expérimenter les matières explosibles et éclairantes de votre composition.

Il est de règle absolue que le département de la Guerre ne se prononce sur des projets ou systèmes qui n'ont pas été soumis aux Comités ou Commissions, précisément instituées pour renseigner le ministre à leur sujet.

Or, cet examen comporte l'accomplissement de certaines formalités, la communication de mémoires, dessins, etc., dont vous ne sauriez être dispensé.

J'ai, du reste, l'honneur de vous adresser ci-joint une note ou un avis rédigés pour régler la marche à suivre en pareille circonstance, et que M. le général Farre m'a chargé de vous faire parvenir, en réponse à votre demande.

Recevez, Monsieur, l'assurance de ma parfaite considération.

Signé : *Le Colonel, Chef du Cabinet,*

RICHARD.

Monsieur Eugène Turpin,

166, rue de Charonne.

Toutefois, continuant mes recherches personnelles, je tins, d'une manière constante, le service des poudres au courant des résultats que j'obtenais.

L'étude du choc, *par rapport à la constitution chimique des explosifs,* n'avait jamais été faite, et je dirai plus, ne pouvait pas être faite avant mes travaux et découvertes. Voici, à ce sujet, quelques lettres officielles :

MINISTÈRE DE LA GUERRE

6ᵉ DIRECTION

POUDRES ET SALPÊTRES

BUREAU
des
POUDRES ET SALPÊTRES

PERSONNEL ET MATÉRIEL

N° 7622
Expérience
sur un nouvel explosif.

Paris, le 31 décembre 1881

Le Ministre de la Guerre à M. Eugène Turpin,

166, rue de Charonne,

PARIS

Monsieur,

Par votre lettre du 23 décembre courant, vous m'avez demandé de faire exécuter, avec un nouvel explosif que vous désignez sous le nom de panclastite, les expériences susceptibles d'en démontrer l'utilité, au point de vue de la guerre en général.

Avant de prescrire à la Commission des substances explosives les essais dont il s'agit, je vous prie de me faire parvenir un mémoire détaillé sur la composition et le mode de préparation de votre produit, la communication préalable de ce document étant indispensable à ladite Commission pour l'exécution de ses recherches.

Recevez, Monsieur, l'assurance de ma considération distinguée.

Pour le ministre et par son ordre :

Le Directeur des Poudres et Salpêtres,

Signé : MAUROUARD.

<table>
<tr><td valign="top">

MINISTÈRE DE LA GUERRE

6ᵉ DIRECTION

POUDRES ET SALPETRES

—

BUREAU
des
POUDRES ET SALPETRES

—

PERSONNEL ET MATERIEL

—

Nᵒ 152
Etude d'un nouvel explosif
dit Panclastite.

</td><td valign="top">

PARIS, le 10 Janvier 1882.

</td></tr>
</table>

Le Ministre de la Guerre à M. Eugène Turpin,

166, rue de Charonne,

PARIS

MONSIEUR,

Comme suite à la dépêche du 31 décembre dernier, je vous informe que j'ai confié l'étude de la panclastite à la Commission des substances explosives qui tient ses séances au Dépôt central des Poudres et Salpêtres, 11, rue de l'Arsenal, sous la présidence de M. Berthelot, sénateur, membre de l'Institut.

Vous voudrez bien vous tenir à la disposition de cette Commission pour lui fournir tous renseignements et telle quantité de matière qu'elle croira devoir vous demander.

Recevez, Monsieur, l'assurance de ma considération distinguée.

Pour le ministre et par son ordre :
Le Directeur des Poudres et Salpêtres,
Signé : MAUROUARD.

<table>
<tr><td valign="top">

MINISTÈRE DE LA GUERRE

—

6ᵉ DIRECTION

—

POUDRES ET SALPÊTRES

—

BUREAU
des
POUDRES ET SALPÊTRES

—

PERSONNEL ET MATERIEL

—

Nᵒ 7663

</td><td valign="top">

PARIS, le 16 décembre 1882.

</td></tr>
</table>

Le Ministre de la Guerre, à M. Turpin.

PARIS

MONSIEUR,

J'ai pris connaissance de la brochure que vous m'avez adressée, concernant le nouvel explosif de votre invention.

D'après les renseignements consignés dans cette notice, la panclastite me paraît appelée à rendre des services réels comme explosif industriel et peut-être même comme explosif de guerre et je me plais à vous féliciter de votre découverte, en même temps que je vous remercie de la communication que vous m'en avez faite.

Recevez, Monsieur, l'assurance de ma considération distinguée.

Signé : BILLOT.

12ᵉ Régiment d'artillerie.

LE COLONEL

VINCENNES, le 25 décembre 1882

MONSIEUR,

Dans la notice sur la panclastite que vous m'avez fait remettre hier comme membre adjoint de la Commission des substances explosibles, je lis à la page 10, ligne 3 :

« Contrairement à ce que l'on a dit et à ce que l'on affirme même dans des ouvrages techniques et spéciaux (Aide-mémorie de l'Artillerie, chapitre V, juin 1881, page 72), où il est dit que le picrate d'ammoniaque ne détone point par le choc et, en aucune circonstance, tous les picrates détonent sous le choc et sont même très sensibles.

» Le picrate d'ammoniaque détone parfaitement sous le choc, etc. ».

Puisque vous avez décrit ce qui précède, je suppose que vous êtes certain du fait que vous avancez. Je vous serai en conséquence très obligé de vouloir bien faire détoner devant moi du picrate d'ammoniaque pur.

J'ai quelque qualité pour m'adresser à vous à ce sujet. C'est en effet sous ma direction qu'a été publié l'Aide-mémoire des Officiers d'artillerie, et c'est moi qui ai rédigé une partie du chapitre V de cet ouvrage. En outre, j'ai fait connaître les propriétés du picrate d'ammoniaque dans une note qui a paru en septembre 1869 dans les comptes rendus de l'Académie des Sciences.

Si vous pouvez faire détoner par le choc devant moi du picrate d'ammoniaque, je déclarerai bien volontiers que je me suis trompé et je rectifierai les assertions contenues sur ce corps dans l'Aide-mémoire.

Sinon, vous me permettrez de persister à croire que je suis dans le vrai.

Veuillez agréer, Monsieur, l'assurance de ma parfaite considération.

Signé : BRUGÈRE,

Colonel du 12ᵉ d'artillerie.

10, Avenue Marigny, Vincennes.

P. S. — Je ne parle pas du mélange de picrate d'ammoniaque et de salpêtre. Je sais que, dans certaines conditions tout à fait exceptionnelles, on peut le faire détoner par le choc.

12ᵉ Régiment d'artillerie.

—

LE COLONEL

VINCENNES, le 15 novembre 1882.

MONSIEUR,

J'ai reçu votre lettre et je vous demande pardon de n'y avoir pas répondu immédiatement.

Un deuil de famille m'en a empêché. N'ayant pas chez moi de picrate d'ammoniaque, j'en ai demandé à la poudrerie du Bouchet. Dès que j'en aurai reçu, j'aurai l'honneur de vous prévenir et, puisque vous le voulez bien, nous conviendrons d'un jour où je pourrai vous trouver à Chatou.

Je tiendrais beaucoup à voir du picrate d'ammoniaque détoner sous l'action d'un choc. Veuillez agréer, Monsieur, l'assurance de ma parfaite considération.

Signé : BRUGÈRE.

10, Avenue Marigny.

NOTA. — Le picrate d'ammoniaque détone parfaitement sous le choc, comme je l'ai démontré.

COMMISSION MIXTE D'EXAMEN

DES

ARMES ET ENGINS DE GUERRE

—

CASERNE LATOUR-MAUBOURG

CORRIDOR DE MONTPELLIER, Nº 10

—

Nº 26

PARIS, le 12 mars 1884.

Dans sa séance du 11 mars courant, la Commission mixte d'examen des armes et engins de guerre a examiné la proposition faite par M. Turpin relative à un explosif pour charger les obus, et a décidé que cette proposition serait signalée à M. le Ministre de la Guerre.

Elle informe M. Turpin de cette décision.

Signé : avec le timbre { Commission mixte d'examen d'armes et engins de guerre.

A Monsieur TURPIN.

DÉPOT CENTRAL
DE
L'ARTILLERIE

Paris, le 13 mai 1884.

MONSIEUR,

Je suis heureux de vous faire savoir que M. le Ministre de la Guerre a renvoyé au Dépôt central de l'Artillerie *votre étude sur le chargement des projectiles* à l'aide de la panclastite.

M. le commandant Mounier est chargé d'examiner quelle suite il convient de donner à vos propositions.

Des expériences vont donc être demandées. Selon toute probabilité, elles seront exécutées à Bourges et l'on vous demandera votre concours au moins pour les premiers essais.

Veuillez agréer, Monsieur, l'assurance de mes meilleurs sentiments.

Signé : A. ROSTAIN.

DÉPOT CENTRAL
DE
L'ARTILLERIE

Paris, le 29 juillet 1884.

MONSIEUR,

Une Commission spéciale a été chargée, au Dépôt central de l'Artillerie (1, place Saint-Thomas-d'Aquin), d'examiner vos propositions relatives à un obus-torpille, chargé de panclastite.

La Commission se réunira vendredi prochain, 1er août, à 3 heures du soir. Je vous prie de vouloir bien assister à cette séance pour lui fournir les renseignements spéciaux dont elle a besoin.

Le Chef d'escadron d'artillerie,

Président de la Commission spéciale,

Signé : RICQ.

DÉPOT CENTRAL
DE
L'ARTILLERIE

Paris, le 23 août 1884.

MONSIEUR,

Le commandant Ricq me charge de vous prévenir que l'affaire est lancée et en bonne voie. La demande de continuer les expériences a été envoyée au ministre, et sera certainement adoptée.

Dans ces conditions, le commandant Ricq estime qu'à son retour, dans une quinzaine de jours, les expériences pourront être reprises sur une plus grande échelle.

Pour le moment, il ne vous enverra pas de plaques comme il était convenu, il préfère ne faire qu'un seul envoi lors de son retour.

Il pense pouvoir, à cette date, faire un envoi permettant d'éclaircir tous les points à étudier.

Recevez, Monsieur, mes salutations empressées.

Signé : LOUIS.

DEPOT CENTRAL
DE
L'ARTILLERIE

Le 9 septembre 1884.

MONSIEUR,

Le commandant Ricq, à qui je viens de communiquer la lettre que vous avez bien voulu m'écrire, me charge de vous dire que l'affaire est en bonne voie ; le ministre a accepté vos propositions, il nous donne carte blanche pour continuer les expériences.

Le commandant Ricq doit repartir de nouveau ces jours-ci, il ne rentrera que vers le 24 septembre. Le commandant Mounier sera aussi rentré à cette date. La Commission se trouvera donc au complet, et, vers la fin du mois, on pourra exécuter une expérience sur le terrain que vous avez préparé.

Dès que la Commission se sera réunie, je vous écrirai un mot pour vous dire sur quelles plaques nous comptons opérer.

Mais il ne faut pas compter pouvoir faire les expériences avant le 26 ou le 27.

J'espère que vous pourrez conserver l'échafaudage jusqu'à cette date et qu'une fois commencées, les expériences pourront marcher rapidement.

J'ai l'honneur de vous adresser mes salutations empressées.

Signé : LOUIS.

DÉPOT CENTRAL
DE
L'ARTILLERIE

Le 24 septembre 1884.

Monsieur,

La Commission spéciale pour l'étude de la panclastite se trouve être au complet par suite de la rentrée de MM. les commandants Ricq et Mounier. Si vous venez un jour de cette semaine à Paris, vous êtes prié de passer au Dépôt central vers deux heures de l'après-midi, pour que l'on puisse s'entendre sur le programme de la première série d'expériences à faire.

Agréez, Monsieur, mes bien sincères salutations.

Signé : LOUIS.

DEPOT CENTRAL
DE
L'ARTILLERIE

Le 12 novembre 1884.

Monsieur,

Le commandant Ricq me charge de vous prévenir que la Commission spéciale pour l'étude de la panclastite se réunira *lundi 17 novembre, à 1 heure, au fort de Vanves*.

S'il vous était impossible d'accepter ce rendez-vous, je vous prierai de m'en prévenir le plus tôt possible afin que l'on puisse fixer la réunion à une autre date.

Agréez, Monsieur, l'expression de ma considération distinguée.

Signé : LOUIS.

Tout en continuant mes recherches relatives à mes panclastites en vue du chargement des obus (obus cloisonnés). mais cette nouvelle classe d'explosifs présentant certains inconvénients au point de vue pratique, je dirigeais mes travaux dans plusieurs voies parallèles, notamment sur mes poudres progressives et mes poudres à double effet à base de chlorate de potasse. Voici, à ce sujet, quelques extraits des rapports qui furent faits par la Commission des substances explosives :

MINISTÈRE DE LA GUERRE

—

6ᵉ DIRECTION

—

POUDRES ET SALPÊTRES

—

Nº 1310
Etude des poudres
a double effet

Paris, le 10 mars 1885.

Le Ministre de la Guerre à M. Turpin.

Monsieur, vous avez soumis à la Direction des Poudres et Salpêtres, dans le courant du mois de novembre 1883, une notice sur une nouvelle poudre à double effet à base de goudron, que vous destinez aux usages industriels et militaires. tels que chargement de mines, torpilles, fougasses, bombes, obus, etc.

Cette notice, renvoyée à l'examen de la Commission des substances explosives, *a servi de point de départ pour un grand nombre d'expériences exécutées sur la série des explosifs* que vous avez proposés.

Le rapport qui résume ces expériences vient de m'être adressé et conclut en ces termes : *Les poudres inventées par M. Turpin réunissent jusqu'à présent le plus d'avantages.*

. . . .

En ce qui concerne les applications militaires de ces explosifs, les recherches de la Commission ont porté sur deux points principaux : le chargement des projectiles creux et la constitution des cartouches de rupture.

Sur le premier point, la Commission est d'avis que les poudres à double effet ne peuvent être utilisées pour le chargement des projectiles creux ; elles sont assez sensibles. en effet, pour donner lieu à des éclatements des projectiles dans l'âme de la pièce.

. . . .

Sur cette fabrication, comme d'ailleurs sur les applications possibles des poudres à double effet, aux usages industriels et militaires, les études faites par M. Turpin, études que la Commission a contrôlées pour formuler le présent rapport, fournissent des renseignements précis et des résultats acquis *fort appréciables qu'il est juste de signaler à l'attention de M. le Ministre de la Guerre.*

Je suis heureux de prendre acte de ces conclusions, et je vous remercie d'avoir mis mon département à même d'apprécier les avantages *de toute une série nouvelle d'explosifs* qui, dans des circonstances données, paraît appelée *à rendre de réels services.*

Recevez, Monsieur, l'assurance de ma considération distinguée.

Pour le ministre et par son ordre :

L'Inspecteur général, Directeur,

Signé : MAUROUARD.

<table>
<tr><td>

MINISTÈRE DE LA GUERRE

—

6ᵉ DIRECTION

—

Nᵒ 10179

Étude de poudres
progressives.

</td><td>

RÉPUBLIQUE FRANÇAISE

—————

PARIS, le 30 décembre 1889.

</td></tr>
</table>

Le Ministre de la Guerre à M. Eugène Turpin.

Monsieur, par votre lettre du 18 décembre courant, relative à une série de poudres progressives qui ont été soumises à l'examen de la Commission des substances explosives, vous m'avez demandé de vous faire savoir le résultat.

. . . .

Quelques-uns des échantillons présentent des propriétés intéressantes : tels sont les échantillons nᵒˢ 9 et 14, à la tétranitronaphtaline et à l'acide picramique, et l'échantillon nᵒ 11, qui a présenté une lenteur de combustion comparable à celle de la poudre noire, avec *une force double.*

. . . .

La Commission estime qu'il y a lieu de remercier M. Turpin de l'envoi d'échantillons qui présentent un réel intérêt au point de vue de l'étude générale des propriétés des matières explosives.

. . . .

Pour le ministre et par son ordre :

L'Inspecteur géneral, Directeur,

Signé : MAUROUARD.

Comme on le voit, et malgré toutes les tentatives faites de tous côtés, la question du chargement des obus par des substances explosives brisantes n'était pas résolue.

Désolé d'avoir tant travaillé de mon côté, sans plus de succès, et malgré le nombre considérable de produits nouveaux que j'avais fait connaître, je repris mes études dans une autre direction qui devait me conduire au succès.

Reprenant mes recherches antérieures sur la sensibilité au choc, j'en recherchai alors la cause, et je ne tardai pas à découvrir la loi qui régit tous les composés explosifs d'après leur constitution chimique.

A vrai dire, cette découverte fut le résultat de sept années consécutives de recherches des plus dangereuses, et le complément de mes études porte à douze années la durée de mes travaux sur les explosifs.

Ayant découvert cette loi et ayant reconnu que l'acide picrique répondait le mieux, par sa constitution chimique, aux desiderata de la question, je me mis à étudier ce corps et à en rechercher le meilleur mode d'emploi avec tous les accessoires et détails nécessaires à sa mise en œuvre.

Dès que j'ai été fixé sur la valeur pratique de mes procédés, j'en ai fait part au Directeur du service des poudres, espérant conserver la chose dans le plus profond secret. Mais ne réussissant pas à obtenir satisfaction et sentant mon invention compromise, je dus prendre des brevets.

Dans ces brevets, aussi bien que dans le mémoire sur le trinitrophénol, que j'ai fait imprimer en 1885 pour le Ministère de la Guerre, on trouve nettement établie la question du détonateur retardé (page 40 du mémoire), la description des appareils, procédés, etc. En fait, et suivant les descriptions qui sont dans mes brevets et dans ledit mémoire, mes inventions relatives à la mélinite consistent :

1° A avoir découvert la loi fondamentale et générale de la sensibilité et de la puissance des explosifs, tandis qu'avant cela on marchait au hasard, en aveugle;

2° A avoir trouvé l'explosif le plus convenable pour satisfaire à cette loi (l'acide picrique) que tous les chimistes et techniciens : Berthelot, sir Abel, avaient rejeté comme corps sans valeur, parce que, disait-on, il ne contient que la moitié de l'oxygène nécessaire à sa combustion complète et théorique, et d'après les idées alors en cours. On a bien recommandé de mélanger l'acide picrique avec des oxydants : salpêtre, chlorate de potasse, etc.; mais là encore, ce sont des composés très sensibles au choc et peu puissants, en raison de la grande quantité de substances inactives qu'elles contiennent;

3° A avoir employé cet explosif d'une manière absolument nouvelle (acide picrique fondu) ;

4° A avoir trouvé un système d'amorçage nouveau (acide picrique fondu), amorcé par de l'acide picrique en poudre, amorcé lui-même par un détonateur au fulminate de mercure;

5° A avoir donné aux projectiles, *quelles que soient leurs dimensions*, un dispositif spécial pour cet amorçage et le chargement, sans avoir besoin : comme pour l'emploi du coton-poudre, d'un projectile en deux pièces (Pl. I.) ;

6° A avoir recommandé les appareils nécessaires à ce chargement, bassines, mandrins, obturateur, porte-détonateur, etc.

7° A avoir indiqué et précisé le principe de laisser pénétrer le projectile dans les obstacles à détruire avant son éclatement au moyen d'une fusée retardée.

Toutes ces choses sont décrites nettement dans mes brevets français, anglais, etc. *C'est donc, comme on le voit. tout un système nouveau et ne reposant sur aucun des principes connus.*

Les résultats, comme on le sait, ont été considérables et le bouleversement apporté dans les choses de l'artillerie a été immense, ce qui indique tout à la fois la valeur et la nouveauté de mes procédés, basés sur des principes scientifiques solides. et non sur des artifices incertains, comme ceux employés dans l'utilisation de la nitroglycérine, des dynamites ou du coton-poudre.

Voici maintenant un aperçu des lettres officielles que j'ai reçues au sujet de cette invention :

MINISTÈRE DE LA GUERRE

6ᵉ DIRECTION

POUDRES ET SALPÊTRES

BUREAU
des
POUDRES ET SALPÊTRES

PERSONNEL ET MATÉRIEL

Nᵒ 1335
Expériences
sur l'acide picrique

PARIS, le 12 mars 1885

CHER MONSIEUR,

J'ai l'intention de faire étudier par la Commission des substances explosives la question de l'emploi de l'acide picrique comme explosif au point de vue des usages industriels et des applications militaires.

Je vous serai obligé, à cet effet, de vouloir bien me faire parvenir une note résumant les expériences que vous avez entreprises sur cet explosif et les résultats que vous avez obtenus.

Recevez, Monsieur, l'assurance de ma considération distinguée.

L'Inspecteur général Directeur

Signé : MAUROUARD

A Monsieur Eugène TURPIN.

MINISTÈRE
DE
LA GUERRE

PARIS, le 20 août 1885

MON CHER MONSIEUR TURPIN,

Je crois que nous sommes enfin arrivés à une application utile de vos découvertes.

L'acide picrique paraît donner de très bons résultats dans les cordeaux détonants, et je ne doute pas qu'il n'en soit de même pour les projectiles creux, voire même pour les cartouches de rupture de guerre.

Je m'empresse de vous en informer et je m'en réjouis, puisque j'aurai ainsi le moyen de provoquer en votre faveur une récompense bien méritée.

Je vous serre affectueusement la main.

Signé : MAUROUARD

MINISTÈRE DE LA GUERRE

3e DIRECTION

ARTILLERIE ET ÉQUIPAGES
MILITAIRES

2e Bureau
3e Section

POUDRES ET CARTOUCHES

Au sujet
de l'acide picrique

N° 39973.

PARIS, le 13 octobre 1885.

Le Ministre de la Guerre à M. Turpin, chimiste.

MONSIEUR,

Je vous ai adressé une dépêche à la date du 23 septembre 1885, sous le n° 37360 (3e Direction, artillerie, 2e bureau, matériel, 3e section, poudres et cartouches) pour vous demander si vous aviez des propositions à me présenter au sujet de l'emploi de l'acide picrique pour les usages militaires.

Votre réponse n'est pas encore arrivée au bureau compétent.

J'ai l'honneur de vous prier de vouloir bien me la faire parvenir le plus tôt possible sous le timbre de la présente.

Recevez, etc.

Pour le ministre et par son ordre,

Le Général Directeur,

Signé : V. LADVOCAT.

MINISTÈRE DE LA GUERRE

6e DIRECTION

POUDRES ET SALPÊTRES

BUREAU
des
POUDRES ET SALPÊTRES

PERSONNEL ET MATÉRIEL

N° 4998
Application
de l'acide picrique aux
usages militaires.

PARIS, le 16 octobre 1885.

Le Ministre de la Guerre à M. Turpin.

MONSIEUR,

L'acide picrique sur les propriétés explosibles duquel vous avez récemment appelé l'attention, paraît, en effet, présenter, au point de vue des applications militaires, de sérieux avantages sur les explosifs employés jusqu'à ce jour.

En prévision de *l'adoption possible et prochaine* de ce produit comme explosif de guerre réglementaire, je vous serais reconnaissant de vouloir bien m'adresser sous le timbre de la 6e Direction (Poudres et Salpêtres) une note sur les recherches que vous avez faites à ce sujet et sur les résultats obtenus.

Recevez, Monsieur, l'assurance de ma considération très distinguée.

Pour le ministre et par son ordre :

L'Inspecteur général Directeur,

Signé : MAUROUARD.

MINISTÈRE
DE
LA MARINE

1er décembre 1885.

Le Général L. Dard,

Inspecteur général adjoint de l'Artillerie, Membre du Conseil des Travaux au Ministère de la Guerre,

J'ai lu avec un grand intérêt la notice sur l'acide picrique que vous m'avez fait l'honneur de m'adresser et je vous en remercie.

Si vous venez à Paris, je vous serais obligé de me donner un instant, pour vous demander quelques renseignements complémentaires sur l'emploi qui pourrait être fait, dans la marine, du produit dont vous avez signalé les avantages et les propriétés remarquables.

A M. Turpin.

Voici une lettre qui, tout en n'ayant pas un caractère officiel, n'en présente pas moins de valeur au point de vue technique :

Le 9 novembre 1885.

Mon cher Monsieur Turpin,

Je n'ai pas voulu vous remercier de l'envoi de votre brochure sur l'acide picrique avant de l'avoir lue, ce que je n'ai pu faire la semaine dernière.

Je viens de la parcourir et elle m'a vivement intéressé, quoique mes fonctions au régiment ne me permettent pas de m'occuper autant que je le voudrais des nouveaux travaux sur les explosifs.

En ce qui concerne l'acide picrique, je crois, comme vous, qu'il peut rendre de grands services à l'artillerie, surtout pour le chargement des projectiles, et je vous félicite de votre nouvelle découverte, car elle vous appartient absolument.

Il me semble qu'on ne peut guère vous la contester; mais que voulez-vous ? la fameuse légende de l'œuf de Christophe Colomb sera éternellement vraie.

Je fais enfin des vœux pour que vous gagniez définitivement votre cause et que vous en tiriez honneur et profit.

Signé : X....

Aujourd'hui colonel d'artillerie.

MINISTÈRE
DE LA MARINE
ET
DES COLONIES
—

CABINET
DU
MINISTRE

PARIS, le 3 mai 1887.

_ _ CHER MONSIEUR,

L'amiral Aube désirerait causer avec vous, et vous serait obligé de vouloir bien lui faire le plaisir de venir dîner avec lui, vendredi soir, à 7 heures.

Agréez l'assurance de mes sentiments distingués.

Le Secrétaire du Ministre de la Marine,

Signé : TOLLA.

Il s'agissait de causer des expériences de Toulon sur la *Belliqueuse.*

J'ai comme cela un grand nombre de lettres, mais ces citations suffisent pour fixer les idées.

L'originalité de mes travaux, la nouveauté de l'invention, les résultats obtenus sont donc indiscutables.

Je dois cependant, pour terminer ce rapide exposé technique, dire quelques mots sur l'acide picrique et sur la cresylite.

On m'a plusieurs fois fait sentir que je n'étais pas l'inventeur de l'acide picrique qui a été découvert en 1788, par Haussmann.

Dans mon mémoire, j'ai déjà répondu à ce sujet; je dirai ici que ce qui fait la plus grande valeur de mes travaux, et ce qui est d'une grande honnêteté scientifique, c'est précisément d'avoir découvert les propriétés remarquables d'un corps connu, offrant toutes les garanties et facilités de conservation et d'approvisionnement, et de n'avoir point cherché de subterfuges pour l'indiquer et le faire connaître.

Avant moi, on avait déclaré que ce corps par lui-même est absolument impropre à fournir un explosif valable, et on a proposé, tout en faisant ressortir les dangers, de le mélanger avec des agents oxydants tels que : les chlorates, les nitrates, etc.

M. Berthelot, dans son ouvrage sur les explosifs de 1872, page 141, dit :

« La décomposition du corps isolé produisant *seulement* 157,500 (calories), **on voit** » **combien il est avantageux de mélanger l'acide picrique** avec un corps » oxydant, tel que l'azotate et **surtout** le chlorate de potasse. »

Or, ces mélanges sont horriblement dangereux et ils ne possèdent qu'une puissance très inférieure à l'acide picrique seul, ainsi que l'on peut le vérifier sur les graphiques, et le constater *de visu* sur les photolithographies ci-jointes. (Voyez les Plombs n°s 30, 31, 32).

Crésylite. — Si j'ai choisi l'acide picrique parmi les nitrophénols, c'est parce que ce corps est infiniment supérieur aux autres, parce qu'il est d'une fabrication courante, et qu'il était facile de s'en procurer de suite, point important de, grandes quantités. L'explosibilité du trinitrocrésol (crésylite) est connue depuis plus de 30 ans, et se trouve indiquée dans les ouvrages de chimie : *Dictionnaire* de Wurtz, *Encyclopédie chimique* de Frémy, etc.

En outre, ce corps, employé seul, tombe sous le coup de mes brevets et de la loi que j'ai découverte.

La crésylite est un produit mal défini, se nitrant d'une façon incertaine, et contenant des substances résineuses gênantes. Elle est moins puissante que l'acide picrique.

(Voyez les cylindres en plomb nᵒˢ 6 et 11 et les graphiques.)

C'est avec regret que j'ai vu introduire ce corps partiellement avec la mélinite dans les obus.

Tel est l'aperçu de mes travaux au point de vue du chargement des projectiles creux.

Les procédés que j'ai inventés et que l'on vient de parcourir étaient encore à peu près inconnus au Ministère, lorsque l'on apprit, par la presse, que les Allemands avaient réussi à charger leurs obus avec un explosif brisant. On a dit alors que c'était avec la roburite, mais nous savons que c'est avec le coton-poudre mouillé et paraffiné.

Lorsque cette nouvelle arriva, l'émoi fut des plus grands, car nous n'avions absolument à opposer à ces projectiles rien autre que la poudre noire.

Aucun projectile n'était disposé à recevoir du coton-poudre, et de plus, il n'y avait pas de coton-poudre en quantité suffisante dans les arsenaux puisque, pour un autre usage, il a fallu en acheter 400,000 kilos en Angleterre, par l'intermédiaire de Vanderbyl, au prix de 6 francs le kilo, plus 3 0/0 de commission.

On était donc pris absolument au dépourvu, si je n'avais été là justement avec mon invention qui a semblé sortir de dessous terre.

On sait les merveilleux résultats obtenus, et les conséquences pacifiques qui en sont résultées.

DEUXIÈME PARTIE

Importance industrielle et nationale de la Mélinite.

Le développement technique qui précède établit l'importance de mes inventions.

Je n'aurai pas de peine à démontrer quelle fortune considérable j'aurais pu en tirer, si j'avais voulu les exploiter industriellement, moi-même, ou en faire la cession à des capitalistes ou à une Société.

Je pouvais également, de suite et légitimement, réaliser des sommes importantes en spéculant sur les matières premières, ou en formant une Société industrielle internationale pour les fournitures. Mais le secret de mon invention aurait été divulgué, et mon pays n'aurait pas bénéficié le premier de ce progrès réel et il n'aurait pu prendre l'avance considérable qu'il a prise sur les autres nations, au point de vue de la supériorité de l'armement.

Pour toutes ces considérations, je m'abstins de toutes démarches et de toutes négociations, pleinement confiant, du reste, dans les promesses qui m'avaient été faites.

Je prévins ainsi l'accaparement des matières premières, et l'Etat put faire ses approvisionnements librement, à l'abri de toute spéculation et réaliser une économie considérable sur le prix d'achat, sans compter le bénéfice énorme qui résulte pour lui de la différence du prix entre la mélinite qui vaut 4 francs le kilog., et le fulmi-coton que l'on a payé 6 francs le kilog.; soit, sur une quantité de 6.000,000 de kilog. qui ont été emmagasinés, **une économie de douze millions de francs.**

Est-il nécessaire d'insister sur l'importance des affaires qui découlaient naturellement de ma découverte? L'état ci-dessous, établi au moyen de renseignements commerciaux et des révelations faites par la presse, les sommes dépensées par la France pour la mise en œuvre de la mélinite, en démontre l'étendue :

1° 300,000 gaines en acier (c'est mon obturateur porte-amorce) à un prix moyen de
7 francs. Des commandes ont été données à 10 francs et d'autres à 3 francs, soit un
total de $300,000 \times 7 =$ . . . . Fr. 2.100.000
2° 75,000 projectiles de siège en acier à 200 francs, sans compter l'usinage
qui a été fait dans les ateliers de l'État, soit : $75,000 \times 200 =$ . . . 15.000.000
3° Tous les projectiles en fonte qui étaient en magasin et les projectiles en
acier pour canons de campagne, environ au minimum. 5.000.000
4° 300,000 détonateurs à 5 francs environ 1.500.000
5° 6,000,000 de kilog. d'acide picrique à 4 francs le kilog., en moyenne. . 24.000.000

Soit un total de. . . . . Fr. 47.600.000

Si l'on considère l'importance de ce chiffre pour un seul pays, on se rend compte des bénéfices énormes que j'aurais réalisés en exploitant commercialement mon invention en France et à l'étranger.

Le Gouvernement français ne tint aucun compte de mon patriotique désintéressement.

On me tint complètement en dehors de tout, et il semble qu'on se soit attaché à exclure de toutes les fournitures l'inventeur du procédé.

On s'adressa, pour l'acide picrique, à des industriels, à des négociants, et notamment à MM. Guinon et Picard, de Lyon, auxquels le service des poudres **fut obligé** de recourir pour l'installation de la fabrication de ce produit, à la poudrerie de Vouges. (Je pourrais, ici, ouvrir une curieuse parenthèse qui prouverait surabondamment que le service des poudres paie plus largement ses erreurs regrettables que les découvertes utiles.)

On préféra encore s'adresser à M. Billault, fabricant de produits chimiques, place de la Sorbonne, qui, en raison de l'importance d'une commande inespérée et étrangère à sa fabrication courante, n'hésita pas à construire une usine spéciale à Malakoff, et fournit ainsi plus d'un million de kilogrammes d'acide picrique à 4 francs le kilog.

Les achats à l'étranger pour le compte du Ministère de la Guerre furent confiés à MM. Max frères, prussiens expressément naturalisés français, à M. Desfours et autres *commissionnaires* en produits chimiques; ... sans doute pour récompenser des services autrement importants que ceux que je venais de rendre.

Les bénéfices réalisés par ces divers fournisseurs ont été considérables, et d'aucuns, tels que MM. Guinon et Picard, ont réalisé un bénéfice supérieur à un million de francs.

Seul, l'inventeur, le détenteur du secret, le seul qui avait même le droit de le divulguer, fut tenu systématiquement à l'écart.

On n'ignorait pas, cependant, combien il avait fait bon marché de ses intérêts personnels dans l'intérêt supérieur de la Patrie.

Tous ceux qui ont la moindre notion des affaires comprendront combien l'inventeur a été lésé, et combien le patriote a été peu récompensé.

Et, cependant, sa découverte empruntait aux circonstances du moment une importance exceptionnelle.

Nous étions à la fin de 1886, la situation européenne était plus que tendue, des bruits de guerre circulaient, si intenses, que l'on dut interrompre les travaux de l'Exposition.

Les Allemands étaient prêts. Leurs nouveaux obus au fulmi-coton étaient de beaucoup supérieurs à nos engins. Nous n'avions que la vieille poudre noire et pas un obus en état de recevoir du fulmi-coton. Bien plus, la matière manquait, puisqu'il fallut, pour un autre usage, en acheter 400,000 kilogrammes en Angleterre. On l'a payé chèrement, 6 francs le kilogramme, et on attendit deux ans pour avoir livraison complète.

Cette situation était connue de l'étranger, comme l'était en 1870 notre désorganisation.

Tout à coup les expériences de Chavignon dévoilèrent les résultats obtenus avec la mélinite. Nous acquérions, du jour au lendemain, une supériorité incontestable, cela grâce à mes travaux et à mes expériences secrètement poursuivis. Le choix de l'explosif, l'acide picrique, et son mode d'emploi, rendaient l'approvisionnement plus que facile, le produit existant en quantités immenses dans l'industrie pour la teinture.

Ce nouveau système, le mien, surprit les Allemands, et révolutionna tout leur système de défense.

Ils durent faire en béton tous leurs forts afin d'essayer de résister aux obus à la mélinite, et un crédit considérable fut voté d'urgence.

Une brochure qui a paru en mai 1890, en Allemagne, sous le titre : *Videant consules* et dont un officier supérieur allemand est l'auteur, confirme ces faits. Il m'est pénible de constater que meilleure justice m'est rendue par nos ennemis que par mes compatriotes.

TROISIÈME PARTIE

Négociations. — Revendications.

En septembre 1885, la situation politique extérieure apparaissait tellement menaçante que la France dut activer d'urgence ses armements et aviser, par tous les moyens possibles et au plus vite, à l'éventualité d'une lutte contre tels ou tels agresseurs.

Le Ministre de la Guerre d'alors, M. le général Campenon, ue faillit pas à son devoir et prit toutes les mesures commandées par les circonstances.

C'est ainsi que la direction de l'artillerie fut amenée à s'occuper de l'utilisation de mes explosifs que j'avais soumis à la direction des poudres dans les cartons de laquelle mes communications écrites étaient depuis longtemps embastillées.

Je fus convoqué, en toute hâte, comme on l'a vu dans la première partie de ce mémoire, et, sans que des expériences préalables suffisantes pour établir l'excellence et l'étendue de mes découvertes théoriques et pratiques aient pu être faites, des offres pressantes me furent faites. Devant les impérieuses exigences du moment, je fus exhorté à céder tels quels mes procédés à l'État, c'est-à-dire à le mettre en possession de mes explosifs, *tels qu'ils se comportaient*, et pour ainsi dire au petit bonheur.

Sûr que j'étais, dès cette époque, de leur efficacité, absolument et matériellement certain, par suite d'innombrables expériences personnelles, qu'ils tiendraient, et au delà, tout ce que je promettais, je demandai pour la cession exclusive de mes brevets et découvertes, en fait d'explosifs, une somme de 6 millions, justifiée par leur valeur industrielle et leur importance primordiale.

Sans discuter, au fond, quelle pouvait être au juste la valeur marchande de mes découvertes, la direction de l'artillerie m'objecta, en l'espèce, que n'ayant pas le temps, vu l'urgence, de procéder, contradictoirement. à des expériences décisives et concluantes, elle ne pouvait partager aveuglément ma confiance sans s'exposer à des mécomptes possibles.

Elle m'offrit donc, non pas d'acheter ferme la propriété de mes explosifs, mais de passer avec moi un traité par lequel, moyennant le paiement d'une sorte de prime, je lui céderais le droit d'user temporairement de ma découverte, vaille que vaille, jusqu'au jour où l'excellence en ayant été victorieusement démontrée, il deviendrait possible de passer un traité définitif qui fixerait un prix d'acquisition établi sur la valeur effective des procédés.

La proposition n'était pas autrement avantageuse pour moi, mais on fit appel à mon patriotisme... Le scirconstances étaient si graves que je cédai sans hésiter davantage, parce que j'avais conscience du service inappréciable que je rendais à mon pays, fût-ce au détriment de mes intérêts personnels.

Je ne discutai désormais avec la direction de l'artillerie que pour la forme et j'acceptai les yeux fermés et le traité préliminaire qui me fut présenté, et la somme de 250,000 francs qui me fut offerte pour prix de l'option que je consentais à l'Etat, vis-à-vis duquel je m'engageais à un silence absolu pendant dix mois. Ajouterai-je que cette somme de

250,000 francs représentait à peine le montant des frais et débours qu'avaient nécessité mes longs et dangereux travaux ?

Il fut formellement entendu que la rémunération que je recevais de la sorte n'était qu'un acompte du prix qui serait ultérieurement débattu et fixé en cas de réussite des expériences officielles.

L'esprit et la lettre du traité préliminaire passé entre le général Campenon et moi, le 29 décembre 1885, prouvent surabondamment l'exactitude rigoureuse de mes dires ci-dessus énoncés que confirme au surplus la plus élémentaire équité.

Deux cent cinquante mille francs, s'ils avaient dû m'être alloués à titre de paiement intégral, eussent constitué une rémunération tellement dérisoire, tellement peu en rapport avec l'importance de la découverte, qu'il tombe sous le sens qu'ils n'étaient et ne pouvaient être qu'une prime qui me fût payée « à valoir » et à tous risques jnsqu'à conclusion ultérieure d'accords définitifs.

D'ailleurs, je le répète, l'esprit et la lettre du traité susmentionné établissent que je suis strictement dans le vrai.

J'ai dit pourquoi, par abnégation patriotique que comprendront tous les bons citoyens, j'ai suivi la Direction de l'Artillerie dans la voie de la « procédure à option » où elle m'a entraîné ; je n'ai pas besoin d'insister beaucoup pour que chacun comprenne, en consé-quence, que je n'ai pas pesé chaque mot et chaque phrase du traité qui fut rédigé au Ministère de la Guerre. Je le signai alors, en me contentant de le parcourir, décidé que j'étais à tout accepter en pareilles circonstances, en me fiant pour le surplus aux promesses verbales qui m'avaient été faites.

C'est ce qui explique que je me sois contenté d'une rédaction peut-être un peu vague.

S'ils étaient de mauvaise foi, des commentateurs sans scrupules pourraient peut-être chercher à torturer à mon préjudice le texte que j'ai signé. Mais ce serait là une félonie telle, que je ne veux pas m'y arrêter et redouter d'avoir à me repentir de ma confiance dans les promesses d'officiers supérieurs qui me les ont faites et refaites verbalement, pour confirmer avec solennité, les textes écrits.

C'est pourquoi je ne saurai regretter de n'avoir pas, en procédurier formaliste, épluché les mots et exigé des stipulations défiant toutes interprétations ambiguës et toutes traîtrises.

J'en ai assez dit pour démontrer que, confiant dans la légitimité de mes revendications, je viens de bonne foi réclamer, non pas la revision, mais, à proprement parler, la consécration loyale et la *mise au point* définitive d'un traité qui ne fut, je crois l'avoir prouvé, qu'une simple préface.

Examinons maintenant ce qui s'est passé à l'expiration de la période préliminaire de dix mois dont j'ai parlé plus haut.

Les approvisionnements nécessités pour la fabrication de mes explosifs se trouvaient être à peine commencés et ils eussent entraîné une hausse sur le prix des matières pre-mières, si on n'eut pris certaines précautions. Aussi, pour éviter de rendre l'Etat victime d'une spéculation et d'une plus-value coûteuse pour lui, les directeurs de l'artillerie, qui se sont succédé m'ont exhorté à surseoir à toutes négociations à l'étranger où j'avais désormais le droit de chercher à tirer fructueusement parti de mes explosifs.

En confirmation des promesses précédentes qui m'avaient été faites, il me fut à nou-veau promis, à maintes reprises, que mon traité ne tarderait pas à être repris, revu, corrigé et que je toucherais, enfin, telle sommes importantes en dédommagement de ma patience et de mes concessions successives.

Or, j'en suis encore à attendre la réalisation de la moindre de ces promesses. Mais je ne veux pas récriminer et je préfère reproduire ici quelques pièces présentant, ne fût-ce qu'à titre accessoire, quelque intérêt, car elles établissent que le Ministère de la Guerre n'a cessé de se tenir en contact avec moi. Je ferai suivre ces documents aussi brièvement que possible de quelques éclaircissements indispensables.

Le 24 septembre 1886 je recevais la lettre suivante :

MINISTERE DE LA GUERRE

3ᵉ DIRECTION

ARTILLERIE

CABINET
du
General-Directeur

Paris, le 24 septembre 1886.

MONSIEUR,

Je vous serais très obligé de vouloir bien vous présenter au Ministère de la Guerre (bureau du matériel de l'artillerie) le jour que vous jugerez convenable, sauf de midi à deux heures.

Recevez, monsieur, l'assurance de ma considération distinguée.

Signé : NISMES.

Le général Nismes me pria, d'abord, avec insistance de laisser faire les approvisionnements d'acide picrique, de ne pas nouer des relations avec l'étranger, puis en présence de M. le colonel Deloye, il me questionna sur le montant de la somme que j'entendais recevoir à titre de paiement définitif, et sur le mode de règlement que je réclamerais : comptant ou annuité. Je m'en rapportai au Gouvernement, auquel j'adressai dans la suite plusieurs mémoires restés sans réponse.

Le 25 février 1887, je recevais la nouvelle convocation suivante :

MINISTERE DE LA GUERRE

3ᵉ DIRECTION

ARTILLERIE
et
EQUIPAGES MILITAIRES

CABINET
du
Directeur

Paris, le 25 février 1887.

MONSIEUR,

J'ai l'honneur de vous remercier des deux journaux qui étaient joints à votre lettre du 21 février courant. Si vous voulez bien passer à mon cabinet, le samedi ou le lundi de deux heures à quatre heures et demie, je causerai volontiers de cette affaire avec vous.

Recevez, monsieur, l'assurance de ma considération distinguée.

Signé : BLONDEL.

7

Cette lettre était une réponse à une lettre que j'avais adressée au directeur de l'artillerie, M. le général Blondel, pour réclamer une solution définitive et l'exécution des promesses qui m'avaient été faites.

Des indiscrétions avaient été commises M. Barbe. dans l'*Echo de Paris* du 5 février 1887, et MM. Picard et Guinon de Lyon, dans le *Cri du Peuple* du 8 janvier 1887. dévoilaient l'acide picrique.

Je ne voulais pas que l'on pût me soupçonner d'avoir violé le secret que je m'étais formellement engagé à garder.

Dans cette entrevue, M. le général Blondel me confirma les engagements de ses prédécesseurs, et voulant me rassurer, me dit : « *Laissez dire et laissez faire, gardez-vous de réveler la verité dans une protestation quelconque. Attendez et l'on vous en tiendra compte.* »

Les mêmes promesses me furent renouvelées plus tard par nombre d'officiers supérieurs, par les ministres eux-mêmes, notamment par le général Ferron.

Fatigué d'attendre, après une mise en demeure et réserves faites des droits acquis et des préjudices subis, j'entrai en pourparlers avec un sieur Triponé, représentant de fabrique, chevalier de la Légion d'honneur, capitaine d'artillerie de la territoriale et fournisseur du département de la guerre, qui. moyennant une commission de 10 0/0, m'aboucha avec la maison Armstrong.

Je me rendis en Angleterre en 1888, où je procédai sous le secret le plus absolu à quelques expériences de peu d'importance.

J'allais traiter avec la Sociéte Armstrong, lorsque les journaux de Paris commencèrent. contre moi. une véritable campagne.

On m'accusa d'avoir trahi mon pays, et on me contesta d'être l'inventeur de la mélinite, des obus à mélinite et même du système de détonateur.

A la vérite, je n'étais pas le parrain de mon explosif. mais on ne saurait m'en dénier la paternité.

Le nom de mélinite avait été donné à l'ensemble de mon procédé pour égarer les recherches.

Très ému de ces articles qui pouvaient mettre en suspicion mon patriotisme, j'en référai à M. de Freycinet, ministre de la Guerre. auquel, par dépêche recommandée. je demandai conseil pour arrêter ce débordement de calomnies.

Le lendemain. je recevais à mon hôtel la visite de M. Roustan, capitaine de vaisseau. attaché à l'ambassade de France à Londres, qui m'engagea à me rendre à Paris. Je partis. Là. de nouvelles promesses me furent faites, de nouveaux pourparlers s'engagèrent et je rompis avec la Société Armstrong.

Après une longue attente, n'obtenant pas de solution, je retournai en Angleterre, vers la fin de 1888, pour poursuivre les négociations que M. Triponé avait renouées avec la Société Armstrong.

Je ne tardai pas à rompre, brutalement, avec la Société Armstrong, ayant acquis la preuve que des documents officiels, de Paris, avaient été livrés à cette maison, par M. Triponé, et ne voulant d'aucune façon m'associer à cet acte de haute trahison.

Je ne me dissimule pas la gravité de l'accusation que je viens de porter, mais je suis prêt à en fournir la preuve.

Voici du reste la nomenclature des pièces livrées à l'Angleterre :

Les plans des obus de grande capacité avec tables de construction ;

Les plans et modes de chargement des obus de campagne de 90 $^m/_m$;

Les plans du détonateur de Bourges ;

Les plans d'une nouvelle fusée dite fusée R. F ;

Les plans des appareils de chargement : dégorgeoir, bassine, etc. ;

Des rapports de Bourges, Calais, etc.

Ces faits sont publiés, ils ont été révélés par le *Paris* du 22 mai 1888 ; par le *Matin* des 9, 10 et 23 juin et 15 juillet 1890.

Le nom de M. Triponé a été cité en toutes lettres par ces journaux, il ne m'appartient pas de rechercher ici qui, au Ministère de la Guerre, a pu lui fournir ces pièces. Il me suffit de pouvoir proclamer, que ni de près ni de loin, je n'ai trempé dans cette affaire dont on a cherché à faire jaillir sur moi une part de responsabilité dans un but facile à comprendre.

Ma justification, si elle était nécessaire, on la trouverait dans ce simple fait que je n'ai pas hésité à dénoncer ces coupables agissements.

Au reste, n'ai-je point fait à mon patriotisme le sacrifice du traité Armstrong ? Il était cependant bien avantageux et bien tentant, puisqu'il m'assurait :

1° 750,000 francs en espèces ;

2° La moitié des sommes payées ultérieurement par les gouvernements. L'Allemagne mise en dehors parce que j'avais eu soin de spécifier que je ne voulais à aucun prix faire profiter ce pays de mes inventions ;

3° Une part de 5 0/0 sur toutes les affaires et ce, pendant toute la durée de l'exploitation ;

4° Des appointements fixes dans la Société pendant au moins cinq ans, comme conseil.

J'ai scrupuleusement observé toutes les clauses du traité intervenu, entre moi et l'État, et en premier lieu celle qui m'obligeait à garder le secret.

Si la nature de l'explosif a été dévoilée, et ce bien avant mes voyages en Angleterre, c'est la conséquence de recherches, de déductions et d'indiscrétions qui ne me sont pas imputables.

Les achats considérables d'acide picrique et de phénol, faits en Angleterre, notamment chez Lowe et chez Roberts Dale de Manchester, devaient fatalement diriger de ce côté les investigations.

D'ailleurs, ainsi que je l'ai indiqué, le *Cri du Peuple* du 8 janvier, et l'*Echo de Paris* du 5 février 1887, indiquaient que la mélinite n'était autre que l'acide picrique. Cette révélation se trouvait encore dans le *Traité de chimie* de Berthelot et de Jungfleich de 1886, page 546, tome I. Le rapport officiel du colonel Magendié, 1887, à propos de l'explosion de Cornebrook, enregistre les renseignements de M. Berthelot, et constate les achats d'acide picrique pour la mélinite.

On ne saurait sérieusement me rendre responsable de la divulgation de mon invention.

Les expériences préliminaires auxquelles je me suis livré tardivement en Angleterre ne pouvaient la faire connaître.

Il serait monstrueux de me faire supporter les conséquences de la livraison des plans et rapports officiels, qui, non seulement a mis en jeu mon honneur, *mais m'a dépossédé du fruit de mes travaux.*

J'ai montré quels sacrifices j'ai faits ; mais, équitablement, n'ai-je pas droit à une réparation des préjudices qui m'ont été causés, et ne doit-on pas me tenir compte des précieux services que j'ai rendus à l'État, par mes recherches scientifiques en dehors de la mélinite ?

En 1882, j'ai inventé un projectile de rupture par explosion sans détonateur ni fusée.

A la demande du général Ladvocat et du colonel Deloye, j'ai inventé le moyen de colorer les fumées.

J'ai contribué en outre, par une foule de communications, aux progrès de la science des explosifs, et c'est à moi que l'on doit encore les poudres progressives à bases de tétran tronaphtaline et autres corps nitrés, qui sont utilisés par l'Etat, malgré mes brevets et sans mon assentiment.

Il en est de même de mes explosifs sans flamme pour les mines à grisou, que j'ai brevetés bien avant que le service des poudres. qui en vend aujourd'hui, s'en soit occupé.

CONCLUSIONS

A la suite de longues, dispendieuses et dangereuses recherches, je suis parvenu à résoudre, scientifiquement et pratiquement, le plus important et le plus ardu des problèmes qui ait jamais été posé en artillerie, et dont la solution avait été cherchée, en vain et à grands frais, avant moi pendant vingt ans.

Par mes travaux et découvertes, j'ai doté la France de l'un de ses plus puissants moyens de défense, et j'ai triplé d'un coup la puissance de son artillerie.

Le traité qui m'a été imposé ne pouvant être qu'un traité préliminaire, ainsi que je l'ai établi plus haut, doit être revisé.

Je demande que, conformément à mes droits, le service exceptionnel rendu me soit enfin plus équitablement rétribué.

N. B. — Communiqué à titre confidentiel et sous réserve expresse de tous mes droits,

Juillet 1890.

Signé : E. TURPIN.

E

COMMANDEMENT
DE
L'ARTILLERIE DE LA PLACE
ET DES
FORTS DE PARIS
—
LE GÉNÉRAL COMMANDANT
—
N° 339.

PARIS, le 29 septembre 1890.

Le général Ladvocat à M. Turpin.

J'ai l'honneur de vous informer que la Commission chargée, sous ma présidence, d'examiner la nature et la portée de vos revendications doit se réunir très prochainement pour arrêter définitivement ses conclusions.

Je vous prie de me faire connaître si vous désirez A NOUVEAU être entendu par elle et si vous voulez bien indiquer le montant de la somme que vous réclamez.

Le général LADVOCAT.

F

20 Novembre 1890.

NOTE A CONSULTER

POUR

M. TURPIN

CHIMISTE

Chevalier de la Légion d'honneur

M. Turpin est l'inventeur : 1° de la mélinite, acide picrique ; 2° de ses applications ; 3° de divers explosifs.

M. Turpin s'est assuré la propriété de son invention par divers brevets tant en France qu'à l'étranger.

A la suite d'une série de faits qui se sont précisés entre lui et le Ministre de la Guerre de la République française, lesquels ont un grand intérêt au point de vue historique, technique et même patriotique, mais qui ne rentrent pas dans l'objet de cette note à consulter, M. Turpin a fait avec le Ministre de la Guerre une CONVENTION qui porte la date du 29 décembre 1885 et qui a été enregistrée le même jour à Paris au bureau des actes administratifs.

Aux termes de cette convention et moyennant une allocation de 250,000 francs, M. Turpin CONCÉDAIT aux Administrations de la Guerre et de la Marine de la République française, l'usage de son invention (emploi de l'acide picrique) pour les BESOINS PROPRES des deux départements ministeriels sus mentionnés.

L'Etat français était ainsi investi par M. Turpin d'une concession restreinte à son usage exclusivement personnel, mais il imposait à son cédant l'obligation de tenir secrète pendant dix mois la convention dont elle etait l'objet.

Dès que l'État fut en possession de cette concession de M. Turpin, il l'écarta de son exploitation, commandant à des tiers 75,000 projectiles et 300,000 gaines en acier de son modèle ainsi que les quantités nécessaires d'acide picrique et de phénol. (Dépenses : 47,600,000 francs.)

Ces commandes et ces achats à des tiers donnèrent lieu à des marchés dont l'économie peut être intéressante à étudier, mais auxquels M. Turpin est resté complètement étranger.

Il avait cependant gardé religieusement le secret qui lui avait été imposé alors que le Gouvernement s'adressait pour la fabrication du produit restrictivement concédé à MM Guinon et Picard de Lyon, Billault de Paris, Max frères à l'étranger.

Comme l'établissent les lettres ministérielles des 17 février 1886, 24 septembre 1886 et 4 novembre 1886, et comme le corroboreront les personnes dont M. Turpin entend produire les témoignages, il fut, au moment de l'expiration du délai de dix mois qui lui avait été imposé, convoqué au Ministère de la Guerre où on lui demanda de continuer à tenir secrète la convention avec l'Etat lui promettant d'acquérir la concession complète de son invention.

Au mois de février 1887, la presse divulguait sa découverte, aussitôt par sa lettre en date du 21 février 1887, il adressait ses protestations au Directeur de l'artillerie et demandait que les promesses qui lui avaient été faites à la fin de 1886 fussent réalisées.

Comme l'établit la lettre du 25 février 1887, M. Turpin fut convoqué au Ministère de la Guerre où le général Blondel lui promit satisfaction.

Aucune solution n'étant intervenue, M. Turpin, par exploit en date du 26 décembre 1887, signifia aux membres du Gouvernement français une mise en demeure extrajudiciaire.

Dans le courant de cette année 1887, M. Triponé, chevalier de la Légion d'honneur, capitaine d'artillerie territoriale (Belfort), fournisseur du Ministère de la Guerre, proposa à M. Turpin de lui faire acheter en Angleterre son invention ; il lui fut recommandé par le colonel Deloye.

D'après M. Turpin, cette proposition fut aussitôt communiquée par lui au Ministère de la Guerre ; à l'appui de cette allégation M. Turpin invoque le témoignage de MM. le général Mathieu, le général Ladvocat, le général Ferron, le sénateur Rampont.

Au mois de juin 1888, un projet de convention intervint entre : 1° MM. Armstrong, Mitchell et C⁹ᵉ de Newcastle, et, 2° M. Turpin par lequel ce dernier cédait à cette Société l'exploitation de son invention en Angleterre.

Ce projet ainsi que les expériences qui l'avaient précédé étaient dus à l'intervention de M. Triponé.

Le 16 juin 1888, M. Canet, ingénieur de l'artillerie de la Société des Forges et Chantiers, ami de M. Triponé, écrivait. de Paris, à M. Turpin, à Londres, une lettre l'engageant, avant de traiter avec l'Angleterre, à proposer au Gouvernement français l'acquisition totale de son invention.

Le 18 juin 1888, M. Turpin lui répondait télégraphiquement : « Que le Gouvernement fasse connaître immédiatement propositions. »

Le 18 mai 1888, M. Canet écrivait à M. Turpin une lettre dans laquelle il lui demandait de lui indiquer la somme « qu'il demanderait au Gouvernement pour conserver le secret de ses procédés en France ».

Le 30 juin 1888, M. Turpin télégraphiait à M. le Ministre de la Guerre : « On me presse, je n'ai encore rien signé, mais on connaît procédé acide. »

Il y a lieu de noter ici que M. Turpin s'était assuré, pour l'Angleterre, la propriété de son invention. brevet en date de décembre 1885.

A la suite d'une conférence qu'il eut le 1ᵉʳ juillet, à Londres, avec M. Roustan, attaché militaire à l'ambassade, envoyé auprès de lui par M. de Freycinet, M. Turpin partait pour Paris où M. de Freycinet l'aurait engagé à ne pas réaliser son projet de convention avec la maison Armstrong et lui aurait promis une indemnité au nom du Gouvernement français.

La convention avec la maison Armstrong fut modifiée, la cession du brevet de M. Turpin fut restreinte à l'usage exclusif du Gouvernement anglais (Lyddite).

Au mois d'octobre 1888. la Société Armstrong propose un nouveau traité à M. Turpin lui offrant d'acquérir son invention et de l'exploiter pour l'usage de tous les Gouvernements.

Le 30 novembre 1888, la Société Armstrong écrit à M. Turpin qu'elle va en faire la proposition aux dits Gouvernements.

M. Turpin va trouver M. Triponé, lui reproche la livraison faite par lui à la maison Armstrong de tous les documents de son invention qu'il n'a pu avoir que par le Ministère de la Guerre de France, et dont la maison Armstrong est incontestablement nantie comme le prouve la lettre du 30 novembre.

Le 10 décembre 1888, M. Triponé déclare à M. Turpin que le général Ladvocat est au courant de cette affaire. et que si M. Turpin ne lui fait pas d'excuses, il n'aura plus aucun rapport avec lui *(sic)*.

Le 5 décembre 1888, M. Turpin écrit à la Société Armstrong qu'il **refuse** leur projet de traité, et dénonce ces faits avec dossier à l'appui au général Ladvocat commandant l'artillerie et les forts de Paris.

Du 11 décembre 1888 au 28 juin 1889, le général Ladvocat fait donner des rendez-vous à M. Turpin ; les convocations écrites par l'aide de camp du général sont conçues dans les termes les *plus cordiaux*.

Le 28 septembre 1889, M. Turpin porte plainte, entre les mains de M. le Procuruer de la République, contre M. Triponé pour avoir livré à la maison Armstrong les documents relatifs à son invention provenant du Ministère de la Guerre français.

Le 4 octobre 1889, le commissaire de police de Courbevoie, sur l'ordre du parquet. recevait la déclaration de M. Turpin ; depuis aucune suite ne paraît avoir été donnée à cette information judiciaire.

Le 11 juillet 1890, M. Turpin fut convoqué par le Ministre de la Guerre, accompagné de MM. Alfred Edwards, directeur du *Matin*, et Lagrange de Langre. Le Ministre promit de faire rendre justice à M. Turpin et nomma une Commission d'enquête composée de :

M. le général Ladvocat, président ;

M. le général Nismes ;

M. le contrôleur général de Boisbrunet.

M. Turpin fut convoqué devant cette Commission par lettre en date du 14 juillet 1890. pour être procédé à l'examen *des revendications au sujet du tort que lui avait causé l'exploitation par l'Administration de la Guerre de l'explosif objet de la convention de 1885.*

Il produisit un *mémoire* devant cette Commission à la suite duquel il reçut de son président une lettre l'invitant à indiquer *le montant de la somme réclamée.*

AVIS

La convention intervenue le 29 décembre 1885 entre M. Turpin et le Ministère de la Guerre ne saurait donner lieu à aucune équivoque.

M. Turpin n'a cédé au Gouvernement français, pour les seuls besoins de ses départements de la Guerre et de la Marine, que le droit de se servir de l'explosif dont il est l'inventeur.

Cette cession restreinte ne constitue nullement une **aliénation** par M. Turpin de sa propriété industrielle mais seulement moyennant la somme déterminée au contrat **l'autorisation** donnée à l'État par M. Turpin **d'employer** l'acide picrique pour tous usages militaires et pour les consommations nécessitées par les besoins propres des deux départements ministériels.

L'obligation imposée par le contrat à M. Turpin d'en cacher l'existence pendant dix mois a été scrupuleusement exécutée par lui et ne saurait être considérée du reste que comme une condition accessoire dans laquelle on ne peut trouver aucun commentaire utile sur l'objet essentiel de la convention.

M. Turpin restait donc propriétaire de son invention et restait libre de l'exploiter dans telles conditions qu'il apprécierait.

Le projet de contrat qu'il a été sur le point de réaliser avec la maison Armstrong avant la spoliation dont il a été l'objet de la part de M. Triponé ne saurait au point de vue légal, donner lieu à aucune critique, non plus que toute exploitation de son invention, aucune prohibition n'ayant été formulée dans la convention du 29 décembre 1885.

Il paraît établi d'une part que M. Triponé sous la responsabilité du Ministère de la Guerre, aurait fait au préjudice de M. Turpin un usage illicite de l'invention de M. Turpin et d'autre part que le Ministère de la Guerre reconnaissant le principe de l'indemnité due à M. Turpin lui a demandé d'en fixer le montant.

M. Turpin serait donc fondé à introduire par les voies légales une demande en dommages-intérêts.

Avant d'intenter cette action, il est de l'intérêt de toutes les parties d'examiner s'il ne serait pas possible d'arriver à une solution amiable où elles trouveraient toutes leur intérêt.

La meilleure serait incontestablement le complément nécessaire de la convention du 29 décembre 1885, c'est-à-dire l'acquisition complète et régulière par l'État de l'invention de M. Turpin, sans exception ni réserve, et moyennant un prix rémunérateur.

Paris, ce 20 novembre 1890.

A. DOUMERC,

Avocat à la Cour de Paris.

G

MÉMOIRE POUR M. TURPIN

INDEX

PARIS, 25 Décembre 1890

MÉMOIRE

POUR

M. TURPIN

CHIMISTE

Chevalier de la Légion d'honneur

A

MM. les Membres de la Commission nommée par M. le Président du Conseil,
Ministre de la Guerre de la République Française

PREMIÈRE PARTIE

Exposé.

Le 11 juillet 1890, M. Turpin eut l'honneur d'exposer à M. le Président du Conseil, ministre de la Guerre, ses griefs au sujet des faits qui s'étaient succédé depuis la CONVENTION intervenue le 29 décembre 1885, entre :

1° *Le ministre de la Guerre, stipulant au nom et pour compte de l'État, d'une part ;* et, 2°, *ledit sieur Eugène Turpin, chimiste, demeurant à Paris, stipulant en son nom personnel, d'autre part.* (Pièces annexes A.)

A la suite de l'exposé de ses griefs, fait par M. Turpin à M. le Président du Conseil, ministre de la Guerre, ce dernier a bien voulu décider qu'il serait procédé (préalablement à toute instance que M. Turpin introduirait ensuite comme bon lui semblerait) à l'examen des réclamations dudit sieur Turpin.

A cet effet, M. le Président du Conseil, ministre de la Guerre, institua une Commission composée de MM :

1° Le Général Ladvocat ;

2° Le Général Nismes ;

3° Le Contrôleur de Boisbrunet.

M. Turpin produisit devant cette Commission, à la date du 6 août 1890, un document intitulé :

« *Mémoire confidentiel présenté à la Commission nommée par M. le Ministre de la Guerre.* »

et comparut lui-même devant cette Commission le 8 août 1890, et lui fournit des explications verbales.

Le *Rapport* que cette Commission a dû déposer entre les mains de M. le Ministre de la Guerre, n'ayant jamais été communiqué à M. Turpin, il eut l'honneur de faire remettre à M. le Président du Conseil, ministre de la Guerre, une « *note à consulter* » le 24 novembre 1890. (Voir pièce annexe J.)

Le même jour, M. Turpin reçut de M. le général Ladvocat, président de la Commission ci-dessus désignée, une lettre ainsi conçue :

« *Monsieur,*

» *Dans le mémoire que vous avez remis à la Commission nommée par M. le Ministre de la Guerre à l'effet d'examiner vos revendications, vous avez porté de graves accusations contre M. Triponé.*

» *Vous déclarez que M. Tripone a livré à la maison Armstrong, à la fin de 1888, des documents importants du Ministère de la Guerre parmi lesquels figurent :*

» *Les plans et modes de chargement des obus de campagne de 90 $^{m}/^{m}$;*

» *Les plans des appareils de chargement, dégorgeoir, bassine, etc. ; .*

» *Les plans du détonateur de Bourges ;*

» *Des rapports de Bourges, Calais, etc.*

» *M. le Ministre de la Guerre, désireux d'être fixé le plus tôt possible sur la valeur de ces accusations et d'élucider complètement l'affaire, me prescrit de vous convoquer, de nouveau, devant la Commission, afin que vous fournissiez à celle-ci toutes les explications qui pourraient être nécessaires à la manifestation de la vérité.* » (Pièces annexes B.)

DEUXIÈME PARTIE

Livraison par M. Triponé à la Société Armstrong, de Newcastle, des documents officiels du Ministère de la Guerre de la République Française.

M. Turpin avait, le vingt-neuf décembre 1885, aux termes de la *Convention* passée entre lui et le ministre de la Guerre, concédé à l'Etat français, exclusivement pour ses propres besoins, la jouissance de ses inventions comprenant notamment: « *Composition* » *de substances explosibles destinées au chargement des projectiles creux; — application de* » *l'acide picrique, mélinite aux engins de guerre, procédés divers.* »

Cette *Convention* ne constituait au profit du Gouvernement français qu'une licence c'est-à-dire un droit de jouissance pour les besoins exclusifs des services de la Guerre et de la Marine des inventions dont M. Turpin restait le seul et unique propriétaire en vertu des brevets réguliers qu'il avait pris tant en France qu'à l'étranger.

Conformément à son droit, que n'avait nullement diminué ni restreint la licence spéciale qu'il avait accordée au Gouvernement français, M. Turpin eut l'idée d'exploiter son invention en Angleterre.

Au mois de mars 1887, lors de l'accident survenu dans la forteresse de Belfort (explosion d'un obus de mélinite, 19 victimes), M. Turpin fit connaissance dans cette ville de M. Triponé, chevalier de la Légion d'honneur, capitaine d'artillerie de la territoriale, fournisseur du Ministère de la Guerre.

M. Triponé proposa à M. Turpin de lui procurer un traité en Angleterre pour l'exploitation de son invention avec la Société Armstrong, Mitchell et C° de Newcastle.

M. Turpin, ne connaissant pas la langue anglaise, accepta le concours que lui offrait M. Triponé comme intermédiaire et comme interprète.

M. Triponé engagea l'affaire avec la Société Armstrong, puis fit venir M. Turpin à Newcastle, où il le présenta aux directeurs de la Société Armstrong, Mitchell et C°.

M. Turpin fit en Angleterre une série d'expériences. et, toujours par les soins de M. Triponé, il prépara, à la date du 16 mai 1888, avec la Société Armstrong une convention provisoire par laquelle il céderait à ladite Société tous ses droits et brevets (sauf le brevet allemand) relatifs à ses inventions *(application de l'acide picrique [mélinite] aux usages civils et militaires)*, et ce, à des conditions déterminées dans lesdites conventions. (Pièces annexes C.)

Le 2 juin 1888, M. Triponé informait par lettre M. Turpin que tous les directeurs de la Société Armstrong avaient nommé l'avant-veille une commission pour arrêter les termes du traité définitif, et l'engageait à le voir le lundi suivant, ayant bien des choses à lui dire *(sic)*. (Pièces annexes D.)

Ce traité ne fut jamais réalisé, mais M. Triponé n'en continua pas moins avec la Société Armstrong des rapports non interrompus, devint même son associé, fit l'affaire sienne, et, voulant procurer à ladite Société, malgré M. Turpin, toutes les pièces et documents relatifs à la mélinite, en fit lui-même la remise à ladite Société.

Comme M. Turpin ne s'était pas dessaisi de ses *plans, documents, notes personnelles*, ce fut en dehors de ce dernier que M. Triponé sût se les procurer et les remettre à la Société Armstrong.

C'étaient les DOCUMENTS OFFICIELS venant du MINISTÈRE DE LA GUERRE DE FRANCE, où M. TRIPONÉ se les était procurés.

La preuve indiscutable de ces détournements est dès maintenant établie.

PARAGRAPHE PREMIER

Plans des engins explosifs de guerre français. — Obus de 90ᵐ/ᵐ. — Appareils de chargement. — Degorgeoir. — Bassine. — Detonateur officiel de Bourges. — Rapports des Commissions d'artillerie de Bourges et Calais detournes du Ministere de la Guerre français, et livres par M. Tripone — Type fabrique sur les plans ci-dessus a Newcastle, par la Societe Armstrong, Mitchell et Cⁱᵉ.

A *Preuve documentaire.* **B** *Pièce à conviction.*

A. PREUVE DOCUMENTAIRE

M. Turpin a trouvé à Newcastle, entre les mains de la Société Armstrong, tous les plans officiels du Ministère de la Guerre qui avaient été livrés par M. Triponé au capitaine Noble, directeur de cette Société.

M. Turpin a été assez habile pour en prendre les copie et reproduction complètes à Newcastle, dans les bureaux mêmes de la Société Armstrong.

Voici la figuration exacte des copies ainsi faites par M. Turpin, sur les plans, dessins et documents officiels français trouvés par M. Turpin à Newcastle, dont les originaux étaient revêtus de la signature du ministre de la Guerre.

COPIE

**des plans du détonateur officiel de Bourges trouves dans les bureaux
de la Société Armstrong.**

OBSERVATION

Echelle de 2/1. Les figures 5 et 6 sont à l'echelle de 1/1 sur les plans officiels; originaux les dessins 1, 2, 3, 4 sont, comme sur les plans officiels originaux, à l'echelle de 2/1. La figure 7, fragment de gaine, ne se trouve pas sur les plans officiels originaux du Ministere de la Guerre. Ce plan était signe : General Boulanger.

COPIE

du plan du detonateur officiel de Bourges, monte avec la fusée Armstrong, que la Societe Armstrong a remplace depuis par la fusee R. F française, sur les calques des originaux officiels livres par M Tripone

CROQUIS

des plans livrés par M. Triponé à la Sociéte Armstrong. — Obus de grande capacité. —
Obus de 90 ᵐ/ᵐ. — Gaine à fond rond. — Gaine à fond plat. — Entonnoir. — Dégorgeoir. — Bassine à double fond. — Fusée R. F.

B. PIÈCE A CONVICTION

M. Turpin produit enfin un « DETONATEUR OFFICIEL DE BOURGES ꜰᴀʙʀɪQᴜᴇ à
Newcastle par la Soᴄɪᴇ́ᴛᴇ́ Aʀᴍsᴛʀᴏɴɢ, sur les plans officiels du Ministère de la Guerre
français, livrés par M. Triponé.

Ce détonateur est surmonté de la fusée Armstrong.

L'examen de cette pièce à conviction démontre matériellement la possession, par la
Société Armstrong, des secrets de la fabrication des engins de guerre français d'après
les plans officiels déposés dans les archives du Ministère de la Guerre de la République
française.

Paragraphe II

**Preuve testimoniale. — Enquête en Angleterre. — Affidavits. — Enquête en Franoe. —
Rapports des experts**

La preuve des détournements opérés en France au Ministère de la Guerre et de leur
livraison en Angleterre étant matériellement établie par la production des documents
qui précèdent l'examen de l'engin fabriqué par la Société Armstrong (que M. Turpin a
pu se procurer), il ne reste plus qu'à démontrer par qui et comment ont été opérés le
détournement et les copies, calques et reproductions des pièces officielles appartenant au
Ministère de la Guerre.

Cette démonstration résulte des déclarations des témoins dont les noms suivent :

1° *En Angleterre*

M. le capitaine Noble, directeur général de la Société Armstrong, Mitchell et Cⁱᵉ,
Newcastle.

M. S. Noble fils, Newcastle.

M. Marjoribanks, ingénieur à Newcastle. n° 145, Park Road.

M. J. Vavasseur, directeur de l'artillerie de la Société Armstrong à Londres, Bear
lane.

M. le colonel Dyer. directeur de l'aciérie de la Société Armstrong, Newcastle.

(Les déclarations des témoins ci-dessus reçues par affidavits formeront les pièces
annexe E.)

2° *En France*

M. le colonel Deloye, 62, rue Madame, à Paris.

M. le capitaine Gaudin, à Paris.

M. Feuvrier père, à Neuilly-sur-Seine.

M. le commandant Locard, à Bourges.

M. le colonel Mounier, à Paris.

M. le colonel Rostain, au Château Fadaise.

M. le colonel Ricq, à Paris.

M. le capitaine Louis, à Paris.

M. Mercadier, Chevalier de la Légion d'honneur, correspondant de l'Agence Havas.

Une personne que M. Turpin désignera ultérieurement.

M. Turpin produira également comme complément de preuves les Rapports techniques
d'Experts établissant que les plans et croquis qui se trouvent entre les mains de la Société
Armstrong, ne sont que des reproductions exactes prises sur les originaux eux-mêmes
déposés au Ministère de la Guerre.

La preuve complète de la livraison par M. Triponé à la Société Armstrong des documents officiels français étant ainsi administrée, on comprend comment ladite Société arriva
à exploiter en dehors de M. Turpin les inventions dont il était seul et unique propriétaire.

Tout d'abord la Société Armstrong voulut forcer la main à M. Turpin.

Grâce au concours que lui avait prêté M. Triponé et aux communications qu'il lui avait faites, la Société Armstrong, qui pouvait se passer en fait, sinon en droit, du consentement de M. Turpin, tenta tout d'abord de l'obtenir.

Elle fit écrire à M. Turpin, le 26 octobre 1888, une lettre (pièce annexe F) dans laquelle M. Triponé annonçait à M. Turpin qu'au nom de la Société Armstrong : « *Il avait des propositions à lui faire, mais qu'il ne tenait pas à les formuler par* ÉCRIT, *avant de savoir si elles lui conviendraient.* »

Ces propositions. intitulées modifications aux premières conventions arrêtées entre M. Turpin et la Société Armstrong, stipulaient l'indemnité consentie à M. Turpin pour l'emploi par le Gouvernement anglais de son invention (mélinite). (Pièce annexe G.)

Sur l'appel à son patriotisme que lui fit M. de Freycinet, ministre de la Guerre, M. Turpin n'accepta pas, mais la Société Armstrong, nantie, par la livraison de M. Triponé. de tous les plans et documents nécessaires, voulut passer outre et écrivit le 30 novembre 1888 à M. Turpin (pièce annexe H) :

« *Qu'elle allait faire* IMMÉDIATEMENT *des propositions à plusieurs* **Gouvernements étrangers** *pour l'emploi de son explosif (sic).* »

M. Turpin se rendit compte des manœuvres dont il avait été victime, de la trahison de M. Triponé, et formula aussitôt sa plainte au Gouvernement français.

TROISIÈME PARTIE

Revendications de M. Turpin contre M. Triponé et le Gouvernement français.

Lorsqu'au mois de décembre 1885, M. Turpin, l'inventeur de l'engin de guerre moderne, appelé à modifier complètement les conditions des combats, venait offrir au Gouvernement français son invention, il était incontestablement de la part de ce Gouvernement indispensable à tous les égards *d'acquérir la pleine propriété et l'usage exclusif de l'invention qui lui était offerte.*

Au lieu de procéder ainsi, le Gouvernement se contenta d'acquérir de M. Turpin le droit de se servir pour les besoins personnels de sa marine et de son armée *des inventions Turpin.* moyennant une rétribution de 250,000 francs ; une seule obligation était imposée à M. Turpin : celle de garder secrète pendant dix mois, la cession qu'il avait ainsi faite à l'État français de la jouissance de ses inventions.

M. Turpin avait donc incontestablement le droit exclusif d'exploiter son invention consacrée par les BREVETS dont il est régulièrement pourvu dans tous les pays. (Pièce annexe K.)

La possession en Angleterre, par la Société Armstrong, des plans, dessins et documents relatifs aux inventions de M. Turpin, en dehors de sa volonté, constitue à son préjudice une spoliation dont il est incontestablement fondé à poursuivre la réparation.

Cette spoliation a été consommée : 1° par la sortie du Ministère de la Guerre, auquel ils avaient été confiés par M. Turpin dans les termes de son contrat du mois de décembre 1885, de ses document personnels copiés et calqués sur les pièces officielles du Gouvernement français établies à la suite de la licence accordée par M. Turpin ; 2° par leur entrée en Angleterre et leur remise à la Société Armstrong.

Ces deux faits constituant, en droit, les FAUTES qui ont généré le préjudice dont M. Turpin est victime, sont incontestablement la base de son action contre ceux qui ont ainsi mis à la disposition de l'étranger les procédés de M. Turpin et les secrets confiés à l'Etat français.

La matérialité de leur possession par la maison Amstrong est, dès à présent, établie, non seulement par tous les documents de la cause, mais mieux que par tous autres, par la LETTRE *de la Société Armstrong,* du 30 novembre 1888 (pièce annexe H) et l'ENGIN TYPE fabriqué par la Société Armstrong que M. Turpin a pu se procurer et dont il fait la production.

Il ne reste plus aujourd'hui qu'à établir la responsabilité :

1° Des personnes qui ayant la garde des archives du Ministère de la Guerre ont violé ce dépôt ;

2° De celles qui ont livré à l'étranger les secrets dérobés aux archives du Ministère de la Guerre.

Ces personnes, quelles qu'elles soient, ont incontestablement engagé la responsabilité civile du Gouvernement français, et l'action judiciaire de M. Turpin comprend : 1° les auteurs principaux du préjudice qu'il a subi, appartenant aux deux catégories ci-dessus spécifiées ; 2° l'Etat français, comme responsable et garant des faits dont se sont rendus coupables ses préposés et leurs complices.

Au point de vue de la procédure, l'introduction de l'instance de M. Turpin ne peut comporter aucune entrave ; exerçant son action civile devant les tribunaux de droit commun avec les *commencements de preuve par écrit* dont il est nanti, il n'a en articulant les faits résumés dans le présent mémoire, dont la pertinence et l'admissibilité sont indiscutables, qu'à demander à être autorisé à les prouver en justice tant par titres que par témoins et *l'enquête* sera incontestablement ordonnée par la juridiction saisie.

QUATRIÈME PARTIE

Intérêts du Gouvernement français et de M. Turpin.

Le procès que M. Turpin est à la veille d'engager sera incontestablement pour lui une lourde charge, nécessitera un temps considérable, présentera des difficultés de toute nature plus encore en France, du reste, qu'en Angleterre, où la preuve testimoniale peut être recueillie par le mode des *affidavits*.

Néanmoins, la preuve étant administrée, il est sûr d'obtenir la réparation à laquelle il a droit, c'est-à-dire l'indemnité représentant la perte totale de sa propriété.

Le Gouvernement français, défendeur à l'action introduite par M. Turpin, acquerra dans des conditions de publicité et de divulgation plus préjudiciables que la perte même du procès, la preuve des fautes nombreuses commises par son administration.

La première de toutes est incontestablement le fait d'avoir simplement demandé en 1885 à l'inventeur français la licence pour le Gouvernement français de se servir de ses procédés, au lieu d'en acquérir la toute propriété et d'en constituer ainsi un monopole au profit de l'État et de nos armées de terre et de mer.

Cette faute initiale semble cependant pouvoir être encore réparée.

Si un simple particulier ne peut penser un instant, dans les conditions où se trouve M. Turpin, malgré la régularité de ses brevets, à poursuivre seul la défense de la propriété que ses brevets lui assurent, un gouvernement peut accomplir cette tâche à l'aide des moyens qu'il possède.

M. Turpin ne peut penser à tenter seul contre ceux qui exploitent frauduleusement à l'étranger ses inventions, d'arrêter les contrefaçons qu'ils commettent, et ce, pas plus contre des Sociétés comme la maison Armstrong, Mitchell et Cⁿ, que contre des particuliers.

L'État français, régulièrement nanti de la pleine propriété des brevets de M. Turpin, aura seul la force et les ressources suffisantes pour protéger les inventions dont il sera devenu propriétaire.

La solution qui s'impose est incontestablement l'acquisition immédiate par l'État de la propriété pleine, entière et absolue des inventions et procédés de M. Turpin.

Le prix de cette acquisition constituera en même temps l'indemnité à laquelle M. Turpin a droit pour les atteintes portées à sa propriété depuis 1885 par M. Triponé et ses complices.

Le contrat de vente à intervenir mettra fin au différend existant entre M. Turpin et le Gouvernement français; ce dernier restera seul maître de prendre comme il l'appréciera les mesures de précaution et même de répression que comporte l'ensemble des faits que M. Turpin n'aura plus la pénible nécessité de dévoiler en justice.

CINQUIÈME PARTIE

Conclusion. — Fixation de l'indemnité. — Détermination du prix de vente.

Les bases de l'évaluation du prix de vente des brevets et des inventions de M. Turpin se présentent tout naturellement à l'esprit.

Pour un simple droit de jouissance limitée des brevets français, le Gouvernement avait apprécié lui-même, en 1885, que l'indemnité ou la rémunération due à M. Turpin devait être fixée à deux cent cinquante mille francs (250,000 fr.), M. Turpin restant propriétaire de son invention et de ses procédés, et pouvant les exploiter pour les industries publiques et privées.

Il y a lieu de remarquer que cette exploitation comprenait :

1º En France, toutes les administrations publiques (sauf la Guerre et la Marine), les sociétés et les particuliers;

2º A l'étranger, sept gouvernements chez lesquels M. Turpin pouvait traiter, tant avec l'Etat qu'avec les particuliers, non seulement pour la cession de licences ou de droit d'exploitation, mais encore pour toutes fournitures produisant des bénéfices considérables.

Sans entrer dans les détails d'un calcul arithmétique, et conservant le caractère de transaction sur procès à la CONVENTION devant intervenir entre le *Gouvernement français* et *M. Turpin*, on peut fixer équitablement le prix de vente à accorder à M. Turpin comme indemnité pour son expropriation complète au profit de l'État français.

Paris, ce 25 décembre 1890.

G^a

Paris, le 7 février 1891.

*A Monsieur le Général Ladvocat, commandant l'Artillerie de la Place et des
Forts de Paris.*

A la suite de l'entrevue que j'ai eu l'honneur d'avoir avec vous, hier soir, et conformément à votre demande, j'ai l'avantage de vous adresser deux exemplaires du *mémoire* pour la Commission.

Veuillez recevoir, Monsieur, mes salutations.

Eugène TURPIN.

G^b

COMMANDEMENT
DE
L'ARTILLERIE DE LA PLACE
ET DES
FORTS DE PARIS
—
N° 19

Paris, le 25 février 1891.

Monsieur Turpin,

J'ai l'honneur de vous faire connaître que la Commission nommée pour examiner vos revendications et la valeur des accusations que vous avez portées contre M. Triponé a envoyé son rapport.

C'est donc à M. le Ministre de la Guerre que vous devez vous adresser pour en avoir communication.

Le Général LADVOCAT.

H

Eugène **TURPIN**

Inventeur du procédé dit

« **MÉLINITE** »

Chevalier de la Légion d honneur,
Couronné par l'Institut de France,
Académie des Sciences, etc.

CRIME DE HAUTE TRAHISON

DÉNONCIATION

Colombes, le 21 mai 1891.

A Messieurs les Ministres,

A Messieurs les Sénateurs, Députés et Conseillers municipaux de France ;

A l'Armée et à la Presse française.

Messieurs,

Je soussigné, Eugène Turpin, déclare dénoncer par les présentes, pour Crime de haute trahison :

Le sieur Émile Triponé, représentant de commerce, chevalier de la Légion d'honneur, capitaine d'artillerie de la territoriale, fournisseur du Ministère de la Guerre, demeurant à Paris, 35, rue de Rome, et à Neuilly-sur-Seine, 36 *bis*, boulevard d'Argenson ; et tels complices que l'instruction et l'enquête découvriront.

Conformément à la loi sur l'espionnage et, notamment, à l'article 4 de cette loi — je demande que le général Mathieu, directeur de l'artillerie à Paris ; le colonel Deloye, chef du bureau du matériel de l'artillerie, 3ᵉ direction, d'où sont sortis les plans calqués et copiés par Triponé et un de ses parents et employés, le sieur Feuvrier père, d'après les propres déclarations de Triponé — le général Mathieu et le colonel Deloye étant dépositaires, en raison de leurs fonctions, des documents secrets dont les copies ont été livrées à l'Etranger par Triponé, — soient mis en cause et déclarés responsables ;

Et conformément à l'article 9 de la loi sur l'espionnage, que les directeurs de la société Armstrong ; le capitaine Noble, le colonel Dyer et le sieur Vavasseur, soient poursuivis ainsi que leur ingénieur, le sieur Marjoribanks, pour avoir reçu et employé en pleine connaissance de cause lesdits plans et documents secrets français, livrés à eux par le sieur Triponé qui est devenu leur représentant depuis cette livraison.

EXPOSÉ

Au cours de l'année 1888, alors que j'étais allé en Angleterre sur les propositions et les instances du sieur Triponé pour négocier mes brevets avec la société Armstrong, conformément à mes droits, *quinze mois* après avoir recouvré ma liberté d'action vis-à-vis du Gouvernement français, et après avoir prévenu et mis en demeure celui-ci d'avoir à me déclarer si, oui ou non, il entendait conserver à la France mon invention la *Mélinite*, et n'avoir pas même reçu de réponse, j'ai été témoin de la remise, par Triponé, aux directeurs et employés de la société Armstrong, susindiqués, des documents suivants :

PIÈCES LIVRÉES

Plans du détonateur officiel français de Bourges, portant le calque de la signature du général Boulanger, sous le Ministère duquel ces plans avaient été adoptés.

Plans de la nouvelle fusée, dite fusée R. F. P.

Plans des obus de grande capacité et de gros calibre en acier embouti et de l'outillage pour les construire.

Plans des obus de campagne de 90 millimètres avec la méthode de chargement, cartouche paraffinée, etc.

Rapports de la Commission de Calais (tirs, transports, etc.).

Rapports de la Commission de Bourges.

Rapports des Commissions de Gavre et de Toulon.

Plans des appareils de fusion et de chargement des obus à la mélinite, etc.

DÉCLARATIONS

Je soussigné déclare qu'ayant eu connaissance de ces faits j'ai refusé d'accepter, par lettres motivées, les sommes importantes (750,000 francs et des intérêts) qui m'étaient offertes par la société Armstrong pour prix de mes brevets, ne voulant à aucun prix m'associer directement ou indirectement à cet acte de haute trahison, couvrir de mon nom ce crime odieux, ni concourir à l'exploitation industrielle des engins officiels français, dont la livraison était, en fait, contraire à mes intérêts et blessante pour mon amour-propre d'inventeur puisque c'était amoindrir la valeur de mes brevets et de mes travaux.

A la suite de la livraison des plans officiels par Triponé, la société Armstrong, pour exploiter et construire les engins français et les fournir à l'Italie, à l'Autriche, à la Chine, etc., etc., a fait construire un immense bâtiment empiétant sur la Tyne, à Elswick-Works, près Newcastle, dans lequel a été installé un puissant outillage construit sur les plans français.

Ce n'est donc pas seulement mon invention qui a été livrée et qui est exploitée en fraude de mes droits, mais bien tout un système de défense de la France et le plus important de tous en cas d'invasion.

Je déclare, en outre, n'avoir jamais consenti à négocier mes brevets, malgré les propositions qui m'ont été faites de l'étranger par suite de ces faits de haute trahison, qui ont déjà été révélés par la presse. (Voir le *Paris* du 22 mai 1888 et le *Matin* des 9 et 23 juin et 15 juillet 1888.)

COMMISSION D'ENQUÊTE

A la suite de mes dénonciations, notamment à l'autorité militaire, une Commission spéciale a été nommée d'urgence par M. de Freycinet, ministre de la Guerre, et a fonctionné, depuis le 14 juillet 1890 jusqu'à février 1891, sous la présidence du général Ladvocat, constamment mis en cause, en 1888, par le sieur Triponé. Cette Commission avait pour mission d'examiner, d'une part, mes légitimes revendications pour le tort qui m'a été causé par la livraison des pièces officielles à l'étranger, et, d'autre part, mes dénonciations contre le sieur Triponé au sujet de la trahison.

J'ai fourni, tant au Ministre qu'à la Commission, soit directement, soit indirectement, les preuves matérielles de mes dénonciations.

N'ayant pas eu connaissance des rapports de la Commission, et le sieur Triponé étant encore en liberté, je viens, en présence de ce déni de justice et de l'immensité du crime commis : livraison à l'étranger des secrets de la défense nationale, faire appel au patriotisme, à l'honneur et à l'équité des représentants du pays et de tous les citoyens auxquels je denonce le traître et la trahison.

Eugene TURPIN.

N. B. — J'ai l'honneur de vous adresser par le même courrier un extrait de mon livre : *Comment on a vendu la mélinite*, (Savine, éditeur), dans lequel vous trouverez des preuves irréfutables et l'historique complet de cette gigantesque trahison.

Je me tiendrai chez moi, 18, avenue Ménelotte, à Colombes (Seine), les lundi, mardi, jeudi et vendredi, de deux à cinq heures, sur demande, afin de pouvoir fournir tous renseignements et soumettre l'une des séries de photographies (lettres, pièces, plans, etc.), constituant le dossier complet, aux personnes dont la position justifierait cette production de preuves.

Signé . Eugène-TURPIN.

JOURNAL OFFICIEL du 26 Mai 1891

CHAMBRE DES DÉPUTÉS

Séance du lundi 25 mai

EXTRAITS

du Compte rendu in extenso

M. de Freycinet, président du Conseil, ministre de la Guerre. — En 1889, M. Turpin envoya tout à coup une dénonciation au Parquet de la Seine contre M. Triponé, officier de l'armée territoriale, jadis son associé. Elle n'était accompagnée, d'ailleurs, d'aucune espèce de preuve. M. le garde des sceaux, après en avoir conféré avec moi, estima que, dans ces circonstances, et devant les renseignements favorables recueillis sur M. Triponé, il n'y avait pas lieu de donner suite à cette plainte.....

Enfin, dans le courant de l'année 1890, M. Turpin, pour la seconde fois, s'est remis en communication avec moi.. .. J'ai nommé une commission, composée de MM. le général Ladvocat... le général Nismes... du contrôleur général de Boisbrunet.

Cette Commission a examiné très attentivement les réclamations de M. Turpin.

Elle l'a entendu, a reçu toutes ses communications et elle a conclu à l'unanimité que rien ne lui était dû, rien. absolument rien.....

Les choses en étaient là, lorsque tout d'un coup M. Turpin a modifié son attitude : il m'a adressé une dénonciation contre M. Triponé ; il m'a fait savoir que la question de dommages-intérêts à laquelle jusque-là il était loin de paraître insensible n'etait pas cependant pour lui la question principale mais, ce que qui le blessait profondément, c'est qu'un officier de l'armée territoriale avait pu commettre en Angleterre des indiscrétions graves, préjudiciables à l'intérêt de la France sans être inquiété.

J'ai alors offert à M. Turpin qui l'a accepté de reparaître devant la Commission...

. . . .

Ceci se passait au commencement de l'année actuelle. Depuis je n'en avais plus entendu parler, lorsque ces jours-ci j'ai reçu de mon collègue de la *Justice* et du Directeur de la Société Générale l'avis de l'apparition du livre que vous connaissez.

Le Parquet exprimait l'avis que cette publication pouvait constituer un délit aux termes de la loi de 1886 sur l'espionnage. . . . .

Il y a un point à indiquer qui n'est pas du ressort de la justice, et sur lequel, par conséquent, je puis donner et je donne très volontiers des explications à la Chambre.

On a parlé de documents qui auraient été soustraits au Ministère de la Guerre.

Je dois dire que jusqu'ici je n'ai pas la preuve qu'aucun document de ce genre soit sorti du Ministère.

Ceux qui ont paru avoir le plus d'importance dans la publication de M. Turpin sont des plans de détonateur ou appareils se rapportant aux obus qui sont fabriqués à Bourges ; **ces plans ne sont pas d'accord avec ceux du service compétent.**

Il est extrèmement facile pour des hommes qui sont mêlés à ces questions d'établir des plans plus ou moins approximatifs, mais en ces matières c'est l'exactitude qui importe, car il ne faut que très peu de modifications dans les dispositions d'un appareil pour qu'un procédé qui a été bon ne le soit plus, et **dans les plans de M. Turpin** il y a des **divergences** qui **écartent** l'idée qu'ils aient été copiés au **Ministère de la Guerre.** . . . .

. . . .

Les divulgations qui résultent du livre de M. Turpin, quelque blâmables qu'elles soient, ne peuvent avoir aucun effet . . . . .

JOURNAL OFFICIEL du 23 Juin 1891

CHAMBRE DES DÉPUTÉS

Séance du lundi 22 juin

EXTRAITS

du Compte rendu in extenso

M. de Freycinet, président du Conseil, ministre de la Guerre.

« Il est certain que j'ai été avisé au mois de septembre 1889 d'une accusation qui avait été portée par M. Turpin et déposée entre les mains du Procureur de la République.

» Les courtes relations que j'avais eues avec M. Turpin étaient antérieures à cette époque. . . . .

» Lorsqu'au mois de septembre 1889 j'ai été avisé que M. Turpin avait fait une déclaration entre les mains du Procureur de la République, j'ai immédiatement, dans l'intérieur de mon administration, fait une enquête afin de reconnaître ce qu'il pouvait y avoir de_fondé dans les accusations que M. Turpin venait de porter.

» *Il a été constaté à ce moment-là que plusieurs de ses affirmations étaient dénuées de vraisemblance.*

» Ainsi il indiquait comme origine de ces documents les soustractions opérées dans les bureaux du Ministère de la Guerre à des heures ou à des jours où un service de surveillance rendait ces divulgations impossibles.

» Les citations, les indications qu'il donnait n'étaient pas d'accord avec les documents auxquels il les prétendait empruntées.

» Dans ces conditions, j'ai émis auprès du garde des sceaux... l'opinion que les recherches que je pouvais opérer dans mon administration ne me permettaient pas d'arriver à la constatation de la vérité *et qu'une instruction judiciaire pourrait seule* avoir quelque chance d'aboutir ; mais j'ai ajouté que je voyais de très grands inconvénients à ouvrir une pareille instruction parce que nous serions conduits fatalement par le fait des confrontations et des discussions qui s'élèveraient contradictoirement avec M. Turpin à donner sur notre fabrication des renseignements que je voulais absolument éviter...... .

» Je me trouvais d'une part en présence d'un homme qui m'avait déjà trompé dans des démarches qu'il avait faites auprès de moi, qui fournissait des renseignements inexacts sur plusieurs points et d'autre part en face d'accusations portées contre *un homme qui jusqu'à ce moment* jouissait de la **considération générale.**

» Ce que je disais des **inexactitudes** relevées dans les indications fournies par M. Turpin est tellement vrai que **l'année suivante,** lorsque ces nouvelles accusations se sont produites, une **enquête** plus complète a été faite..... elle a donné les mêmes résultats que la **première** à laquelle il avait été procédé dans les bureaux mêmes de la direction de l'artillerie........

» C'est devant la Commission ainsi constituée (Ladvocat, Nimes, Boisbrunet, juillet 1890), que M. Turpin a été appelé à fournir ses explications.

» Il ne parlait pas à ce moment de **ses accusations** (?) ; il les réservait pour une époque ultérieure. il n'insistait que sur ses revendications pécuniaires........

» La **Commission** les a examinées avec le plus grand scrupule, *elle l'a entendu,* elle a compulsé tous les documents **qu'il a mis sous ses yeux ;** elle a vérifié les archives de la Direction d'artillerie et c'est après avoir délibéré avec le plus grand soin qu'elle a émis l'avis qu'il n'y avait pas lieu d'accorder une nouvelle indemnité à M. Turpin. » *(Interruptions.)*

A droite. Ce n'est pas la question !

M. le Président du Conseil :

Je vais y venir. C'est à la suite de ses revendications d'argent que M. Turpin, fidèle à son système, est revenu à ses accusations. Je lui ai demandé de comparaître à nouveau devant cette **Commission.** . . . .
investie d'une nouvelle mission, celle d'examiner les accusations portées par M. Turpin contre M. Triponé. . . . .

Elle a conclu en ces termes :

« La Commission était chargée de rechercher ce qu'il y avait d'exact dans les accusa-
» tions portées par M. Turpin contre M. Triponé, d'avoir livré à l'étranger des documents
» officiels . . . .

» *Il ne semble pas démontré que les dessins que renferme le mémoire de M. Turpin soient*
» *les copies de documents officiels, il appartiendrait du reste à l'Administration de la Guerre*
» *de faire ressortir les différences qui existent entre les dessins de M. Turpin et les tables*
» *de construction des détonateurs.*

» *Enfin, en admettant que des documents de ce genre aient été remis à la Maison Arms-*
» *trong. rien ne prouve qu'ils lui aient été remis par M. Triponé plutôt que par M. Turpin*
» *lui-même ou par toute autre personne.*

» *L'accusation portée contre M. Triponé ne repose donc que sur une assertion de*
» *M. Turpin.* . . . .

» *Dans ces conditions, la Commission se trouve dans l'impossibilité de poursuivre plus*
» *loin l'accomplissement de son mandat et elle est* **d'avis** que :

» **L'accusation portée contre M. Triponé doit être considérée comme**
» **non fondée tant que M. Turpin n'aura pas fourni d'autres preuves**
» **que celles qui se trouvent dans son Mémoire de 1890. »**

. . . .

Nonobstant les termes de ces conclusions, j'ai saisi la direction de l'artillerie elle-même

qui m'a répondu que sur un grand nombre de points il y avait des différences sensibles entre les planches fournies par M. Turpin et les planches fournies par l'Administration de la Guerre.

J

Le Gil Blas.

Mardi 23 Juin 1891.

Le général Ladvocat, cité comme témoin, avait obtenu du Président l'autorisation de faire assister aux débats son officier d'ordonnance, le capitaine Rivals.

Journal l'Événement.

27 Juin 1891.

Madame Triponé.

« Malgré la condamnation qui l'a frappé, malgré ses aveux mêmes, je ne puis croire que mon mari soit coupable du crime qu'on lui impute. Est-il possible d'être un traître quand on a servi son pays comme il l'a fait pendant la guerre de 1870, et quand on appartient par la terre même où l'on est né comme par ses traditions de famille, à une race d'ardents patriotes. Victime, il l'est sans doute ; coupable, non.

» Depuis cette fatale affaire, à laquelle nous étions loin de nous attendre tous, nous ne vivons plus, mes enfants ni moi. Eux, du moins, les pauvres aimés, ne comprennent pas l'accusation terrible qui pèse sur la tête de leur père, et s'ils pleurent c'est de son absence et aussi de me voir pleurer... »

« Heureusement, ajoute-t-elle en faisant un effort de volonté, nous avons espoir dans la justice, qui verra clair à la fin peut-être, dans cette ténébreuse affaire, et qui comprendra que mon mari ne mérite pas d'être déshonoré. Tout s'est ligué contre lui, devant le Tribunal, tout, et même lui, qui a avoué. Avoué quoi ? Pas d'avoir trahi, à coup sûr, pas d'être un espion à la solde de l'étranger !

» Les journaux lui ont fait beaucoup de mal. La presse, sans savoir, s'est acharnée après lui et a commencé tout de suite par demander sa tête. Cet acharnement de journaux peut avoir contribué à peser sur le jugement des magistrats.

» Maintenant qu'il est condamné, on suspend les attaques contre mon mari et on les dirige vers le général Ladvocat. Celui-ci est depuis longtemps notre ami.

» Il s'est toujours montré d'une bienveillance très grande à l'égard de M. Triponé. Il a bien voulu, sur sa recommandation, s'occuper de quelques militaires qui demandaient des faveurs. Il venait parfois ici, et la générale me rendait de fréquentes visites. Mais de ce qu'il existait entre le général et mon mari des relations cordiales, on en a immédiatement induit que le général avait favorisé, par légèreté ou autrement, la conduite de mon mari.

» La haute situation militaire du général et sa vie tout entière de probité, protestent contre une semblable accusation.

» On a dit qu'une correspondance étroite et sûrement criminelle s'était établie entre mon mari et le général. Ah ! monsieur, si l'on savait à quoi se réduit cette fameuse correspondance, on verrait que l'on a fait beaucoup de bruit pour bien peu de chose !

» Enfin ! nous verrons !... »

9 782014 062397